每天的生活，都是靈魂的精心創造

You create your own reality.

每天的生活，都是靈魂的精心創造

You create your own reality.

You create your own reality.

每 天 的 生 活 ， 都 是 靈 魂 的 精 心 創 造

許醫師作品47

搞定你的心
——調整心態，人生就能輕鬆過關

口述——許添盛
執筆——齊世芳
總編輯——李佳穎
責任編輯——張郁琦
校對——謝惠鈴
圖片提供（心心＆樂樂）——許添盛
美術設計——黃鳳君
發行人——許添盛
出版發行——賽斯文化事業有限公司
地址——新北市新店區中央七街26號4樓
電話——22196629
傳真——22193778
郵撥——50044421
版權部——李宜懃
數位出版部——李志峯
行銷業務部——楊婉慈
網路行銷部——高心怡
法律顧問——北辰著作權事務所
印刷——鴻柏印刷事業股份有限公司
總經銷——大和書報圖書股份有限公司
地址——新北市新莊區五工五路2號
電話——8990-2588　傳真——2299-7900
2024年11月1日　初版一刷
售價新台幣390元（缺頁或破損的書，請寄回更換）

ISBN 978-626-7332-76-4
賽斯文化網 http://www.sethtaiwan.com

Calm Your Mind

搞定你的心

調整心態，人生就能輕鬆過關

許添盛醫師——口述
齊世芳——執筆

關於賽斯文化

發行人　許添盛醫師

我是個腳踏實地的理想主義者。賽斯文化，是為了推廣賽斯心法及身心靈健康理念而成立的文化事業，希望透過理性與感性層面，召喚出人類心靈的「愛、智慧、內在感官及創造力」，讓每位接觸我們的讀者，具體感受「每天的生活，都是靈魂的精心創造」（You create your own reality）。我們計畫出版符合新時代賽斯精神之書籍、有聲書、影音商品及生活用品，並提攜新進的身心靈作家，致力於賽斯思想及身心靈健康觀念的推廣，期待與大家攜手共創身心靈健康新文明。

搞定你的心
調整心態，人生就能輕鬆過關
Calm Your Mind

目錄

〈自序〉

不安的心，如何安定

許添盛

當年，禪宗傳承中有一個故事：二祖慧可，曾是征戰沙場、刀口舔血的將軍，卻罹患了現代的「創傷後壓力症候群（PTSD）」，夜夜為惡夢所驚醒，感到生不如死。

聽聞達摩祖師來到中土，慧可上門尋求解脫之道，問如何才能安心。達摩祖師告訴他：「你把你的心拿出來，我就可以幫你安心了！」然而，心如何能拿出來？拿出心來，不就死了嗎？可是，若要回去過那夜夜驚醒的日子，慧可感到，還不如死了算了。

於是，慧可用刀斬斷了過去在戰場上殺敵的那隻手，來到達摩祖師面前；一來求懺悔，二來求得心安，三來展現他追求解脫的決心。最終，慧可領悟到心無形無相，不安來自內心的執著，後來成為禪宗大師。

身為精神科醫師及心理治療專家，我一生都在尋求如何安自己的心，也致力於安撫所有來到我面前、求助於我的人們的心。

昨天，一位剛從精神病院出院的個案告訴我，他不是王大明，而是王大明的「附身靈」；今年六月，他帶著王大明第三次跳樓了。看著這位個案略顯消瘦的臉龐和解離的情緒，像與久別的朋友閒話般，以再平常不過的語言，訴說著這驚悚的經歷，讓我心頭震撼不已。

我不斷地稱讚這個「附身靈」做得很好，願意和我一起聊聊王大明的人生。他父親在五月自縊身亡的事，也被他輕描淡寫地提起，雖說他話語平靜，我卻聽到他內心深處的那股驚恐、自責、無助，以及對現實的逃避。

心啊，心。

如果我能夠傾聽所有眾生的心聲——紛亂的心、痛苦的心、無助的心、矛盾的心、破碎絕望的心……我願發下宏願，去安撫一切不安的心！

至少，這是我的努力，我的願心，我的誓言。

希望這本書能成為一個引子，激發每個人內心的愛、智慧、慈悲、創造力及神通。願我們最終「得自在、得解脫、得心安」。

第 1 章

你今天被頭腦欺騙了嗎？

人之所以感到痛苦，很多時候並非外境所致，而是自己的心出了問題。一個人的心只要不定，他的身體和人生就很難安定，所以一切都必須回歸到本心。講到定心，我就會聯想到「強迫症」，因為強迫症就是最典型「搞不定自己的心」的精神疾病。

強迫症主要分為思想強迫和行為強迫，你可能在戲劇節目中看過強迫症患者，他們會不斷地洗手、不斷做清潔工作、不斷檢查瓦斯等等，如果不做或無法做這些事，他們就會變得很焦慮。

我有個強迫症個案就曾說：「許醫師，我每次要出門時，都很清楚我已經關好了瓦斯，但我就是忍不住要回去檢查。」我問他：「那你檢查了幾次？檢查了多久？」他想了想：「至少三、四次，要花二、三十分鐘。」我只能無奈地回他一句：「那你要出個門還真不容易。」

還有位個案是律師，他只要開車出家門，就會在家附近一直繞一直繞，檢查自己剛剛有沒有撞到或壓到什麼東西，看完左邊看右邊，看完前面看後面，不斷地檢查再檢查，確定一切沒問題，才願意開車上班去，這一來，往往得花半小時以上，你說他可不可憐？累不累？這類舉止都屬於行為強迫。

負面思考是人生頭號的恐怖分子

負面思考也是強迫症患者的特色之一，他們的頭腦不斷地想起負面的事，讓頭腦活生生成為人生頭號的恐怖分子。

就像那位出門前不斷檢查瓦斯開關的個案，他為什麼要這麼做？因為他的腦海裡一直在上演「萬一沒關好瓦斯，整個家會被燒個精光，還把整棟大樓炸掉，該怎麼辦」的戲碼。

我們或許也有過這樣的想法，只是沒有強迫症患者那樣停不下的思緒和異常的舉動，而我們會這麼想，是因從小到大被父母師長告誡人生有很多很多「萬一」，如果你放任這類自我意識占據人生，總有一天，一定會被這些「萬一」搞死。

雖然「理性」和「思考」是宇宙給予人類重要且珍貴的禮物，但直到現在，人類還在學習如何正確使用頭腦，才會衍生出很多「萬一」，然後把自己折騰得死去活來。

舉例來說，假設妳老公每天都準時在九點回到家，但有一天晚上九點半了，老公還沒到家，打手機也沒人接，妳會怎麼想？「老公去哪裡了？會不會出了什麼意外？會不會有外遇、跟小三在一起，所以不回家？」會這麼想是人之常情，任何人都可能如此。

但強迫症患者跟常人不同的是，他會把很多「萬一」「想得栩栩如生」，並且不斷強迫自己一再去想那些「萬一」，以及如何預防和化解「萬一」，以致頭腦都不是在處理日常生活之事，而是那些發生率極低、甚至不會發生的「萬一」。

所以我有很多強迫症個案每天能做的事很有限，就是吃飯、洗澡、睡覺而已，其他時候都因為想著那些「萬一」，而無法工作或從事其他活動。例如有個患者每隔五分鐘要洗一次手，我問他為什麼要這麼頻繁地洗手，他說：「因為我洗完手後，又摸了其他東西，我覺得搞不好會沾染上什麼細菌、病毒，不行！一定要把手洗乾淨，萬一有哪裡漏洗，就會有細菌、病毒留在我身上，好可怕，不行，不行！我要再去洗手。」光是聽他描述，我都覺得累，有些患者就是因此出不了門，你看他們有多可憐。

強迫症患者的腦袋隨時都在上演恐怖片

我有位個案生了三個兒子，老二今年二十一歲，他小時候不小心被保姆摔到地上，結果硬腦膜下出血，從此變成植物人，已經在床上躺了二十一年。你說身為母親的她會怎麼樣？第三個小孩還敢給保姆帶嗎？即使是沒有強迫症的你，會不會在保姆帶第三個小孩時，想一些有的沒的嚇自己？

肯定會的，一個人若要想負面的事，那可想的事太多了，就拿開車來說，可能車子一出車庫，就撞倒鄰居小孩；開到巷口，撞到轉進巷子的老人；停個紅綠燈，被後面剎車失靈的卡車撞上；正在演習的飛機，突然從天而降，砸中你的車……所以很多強迫症患者到最後都會出現「妄想」。

強迫症患者的腦袋裡，幾乎時時刻刻都在上演恐怖片，然後把自己嚇個半死。我相信冠狀病毒肆虐的三年期間，肯定嚇壞了很多人，可以想像那些強迫症患者受到多大的折磨了，但其實確診又被治癒的人很多，這個疾病並沒有他們想像中的可怕。

我也曾在二〇二二年五月確診，不可否認的，第一天、第二天，我也挺害怕的，然後「這就是 Covid-19 啊？會不會怎麼樣啊？」地想一堆，但是到了第三天、第四天慢慢好起來時，我又想：「就這樣哦？Covid-19 好像也沒那麼恐怖嘛。」

這也讓我再次驗證一件事，世上最可怕的是「人的想像」，想像那些還沒發生，或根本不會發生的負面事件。賽斯在《個人實相的本質》一書中提到：任何事情真的發生時，其實是不可怕的。若要你想像世界末日會是什麼樣子，你肯定會覺得很可怕，但有一天世界末日真的來臨時，你一定也會跟我一樣，說上一句：「就這樣哦？我之前怎麼會把世界末日想得那麼恐怖啊？」

根據統計，你擔心的事百分之九十都不會發生，你看看那些沒發生的事，消耗了你多大的能量，又如何擾亂你的生活，甚至讓你的心支離破碎，你覺得這樣值得嗎？

我前陣子遇到一個大三生，他一直在擔心自己畢業後考不上研究所，以後會找不到工作、賺不到錢。我告訴他：「我也曾經有過你這樣的擔心，雖然我讀的是醫學系，很清楚自己將來就是要當醫生，但我還是感覺未來很不確定，畢竟不是每個醫生都混得很好。但當我真的踏進未來，成為一個醫生時，我擔心的事一件也沒發生。」

所以你發現了嗎？人其實經常被自己的頭腦騙得很慘。你如果不去訓練你的頭腦，放任它不斷想像，最後它可能會搞死你。

我們經常被頭腦裡的「萬一」折磨

最近有位學員跟我說：「許醫師，我先生很擔心兩岸會發生戰爭，給了我好大壓力，後來我們上網查資料，發現只要存五十萬美金到〇國的銀行裡，〇國就會發給我們兩張護照。」

「存到他們的銀行？那之後五十萬美金可以拿回來嗎？」

「可以啊，而且利率有四％多。」

「問題是，兩岸如果真的發生戰爭，你們夫妻能飛到〇國生活嗎？」

「不行。」

「那你們辦這兩張護照要幹嘛？」

「我們可以用這兩張護照申請×國的居留權。但居留該國十年要付一百四十萬新台幣、居留二十年要付一百八十萬新台幣，而且拿不回來。」

我覺得條件有點嚴苛，問他們為什麼要這麼做，她說：「因為兩岸若發生戰爭，拿台灣護照是上不了飛機的，但我們拿著〇國護照就可以登機。然後飛到×國，隨時去隨時住。」

看吧，又是一個為了「萬一」而焦頭爛額的例子。當你的腦袋裡有這麼多「萬一」時，它們一定會對你的人生造成重大影響。

我並不是說所有的「萬一」都不好，譬如你覺得：「萬一我老了生病沒人照顧怎麼辦？所以我現在就要多加運動，讓身體一直很健康。」那這種「萬一」就很好。怕只怕你腦袋裡的「萬一」都是負面且充滿恐懼的，這種可怕的「自動化思考」往往就是摧毀我們「活在當下」的主因。

所以，頭腦不僅需要訓練，也需要學習，還需要經常被檢視、修正，這也是我們為什麼要修行、要學賽斯思想的原因之一。

女兒的男友是渣男還是天使？

學員淑嫻的女兒萱萱患有躁鬱症，不久前，萱萱被前男友騙了兩百萬，外加一部摩托車，兩人鬧到分手。但最近前男友又回來找萱萱要求復合，萱萱竟然答應了。

淑嫻很不解：「我女兒之前明明說，她跟男友只是在性事上很契合，他們之間只有性、沒有愛，現在卻跟我說，她很愛他，要跟他在一起！」淑嫻當時都快崩潰了。

知道萱萱和男友故事始末的人，幾乎都反對兩個人在一起，淑嫻擔心男友為了從女兒身上弄到錢，會做出傷害女兒的事，或騙光女兒所有的錢。當淑嫻在課堂上講得義憤填膺時，卻忘了那都是她「頭腦」想出來的「萬一」。

我就不這麼想了，聽完淑嫻的說法，我第一個感覺是「很開心」，原因是：

一、患有躁鬱症的女兒還有人要，做媽媽的睡到半夜都要笑醒的。

二、被騙的兩百萬和摩托車就當是女兒的嫁妝，是本來就會有的支出，所以淑嫻並沒有損失。

三、這個男人是女兒自己挑中、自己喜歡的人。

四、女兒若真的跟男友走了，讓男友照顧個三、五年，兩百萬也差不多回本了。

淑嫻聽了還是不能接受，我對她說：「妳知道我有多少躁鬱症個案嫁不出去嗎？又有多少個案嫁出去被退貨的嗎？現在有人願意娶妳女兒，就要偷笑了，而且這個男人又剛好是妳女兒喜歡的，多難得啊！

「妳如果沒讓萱萱跟男友有一起住、一起相處的經驗，她又怎麼可能成長？妳覺得萱萱不能跟男友在一起的原因，都是妳的頭腦創造出來的，妳怎麼知道這個男人不會好好照顧萱萱，兩人可以共同創造幸福？而且萱萱已經二十七歲，不是小孩子了，妳攔得住她要做什麼嗎？妳只要順其自然就好，其他什麼都不用管。」

是害怕女兒被騙，還是害怕自己孤單？

聽了我的分析，淑嫻想了想，也覺得有道理，情緒不再那麼焦躁，而是有些哀怨地說：「可是一直以來都是我在照顧萱萱，現在感覺好像出現一個人要來跟我搶女兒……」

「所以妳是捨不得女兒，潛意識裡害怕失去她，那就是妳的問題，不是妳女兒的問題，也不是她男友的問題了。妳要小心，說不定女兒一嫁人，妳就不知道怎麼活了。」

接著淑嫻若有所思地說：「像那天我女兒去找那個男的，我就跑去飯店過夜……」

「妳沒事跑去飯店過夜幹什麼？」

淑嫻語帶哽咽：「因為我女兒不在家，家裡空蕩蕩的，我心裡就有一種空虛感，不想待在家裡，就跑到飯店去睡覺了。」

淑嫻會為此痛苦，是因為她對女兒及其男友的未來，有太多負面的想像，又害怕女兒從此離開家、離開她，所以，她一直搞不定的不是女兒，而是她自己的心。

但我還是叮囑她：「讓妳女兒出去闖蕩就好，不要讓錢跟著她出去，否則妳會害死她。如果那個男的只見人來、不見錢跟來就退貨，那妳女兒就會知道自己錯了，但妳要讓她自己去經歷這一切。妳知道那會很痛，但就算再痛，也要讓她自己走一遍，這樣她才能有所成長。」

其實淑嫻能在課堂上講出自己困境，已經很勇敢了，因為有太多人將這種事視為家醜，連提都不敢提，但淑嫻做到了，最難能可貴的是，她勇於承認是自己需要女兒。

如果萱萱和男友在一起後，過得幸福又快樂，那麼下一個有事的人，可能就是淑嫻了，因為她不得不面對孤單寂寞的生活。如果她沒做好心理準備，那麼女兒出嫁後，婚姻可能會問題不斷，為的是讓淑嫻有個生活重心，天天有事可忙。

所以萱萱的躁鬱症、幼稚不成熟，很可能是在「配合媽媽演出」，因為淑嫻的其他子女都離家獨立生活了，只有小女兒萱萱還住在家裡，而她必須幼稚不成熟，淑嫻才能一直把她留在身邊。所以淑嫻和萱萱的躁鬱症脫不了關係，躁鬱症的孩子通常依賴性很高，有些患者終其一生都脫離不了父母的保護，只要一離開父母的羽翼就會發病。

我有個躁鬱症個案就是這樣，今年二十八歲，和家人住在台中，經過好幾年的治療後，躁鬱症好了八、九成，而且停藥了，結果只是到中壢唸翻譯研究所，必須離家自己租房子住，就又發病了。

什麼是賽斯說的「自然罪惡感」？

有一次上課，學員小梅問我：「許醫師，很多高齡產婦在懷孕時會做羊膜穿刺，去檢查胎兒是否健康正常，如果不正常就會拿掉胎兒。或者是因為各種因素，不想生下小孩就去墮胎，這算不算是犯罪？而因此產生的罪惡感，是否賽斯所謂的『自然罪惡感』？」

關於這個問題，我得先就醫學和法律去定義何謂「生命」：離開母體之後、有自行呼吸能力的胎兒，才算是有生命的個體。所以醫學和法律並不認定還在媽媽肚子裡的胎兒是「生命」。

當胎兒被生下來，呼吸第一口空氣，哇的一聲哭出來後，你若弄死他，你就是犯了殺人罪。而胎兒在媽媽肚子裡，是透過臍帶呼吸，所以是媽媽在呼吸，胎兒沒有自行呼吸的能力，不被視為生命。此時拿掉胎兒，並沒有犯下殺人罪，所以墮胎無罪。只是懷孕若超過二十週，醫生都會建議不要墮胎，因為孩子太大了，墮胎的話母體會有危險。

若以賽斯心法來說，人類的精子和卵子結合那一瞬間，要投胎的靈魂便已經等在一旁了，但必須等到胎兒出生，靈魂的整個意識才會進入嬰兒的肉體，在此之前，靈魂都會來來去去，很多時候並不在胎兒身邊。

因為胎兒在出生前，被視為母親身上的一個器官，出生之後，才是一個獨立的生命，所以因「墮胎」而產生的罪惡感，屬於人工罪惡感。但如果將出生後的胎兒丟棄，導致胎兒死亡，便是犯了法律上的「惡意遺棄」和「過失致死」，甚至是「蓄意謀殺」之罪，會受到法律嚴厲的制裁。

小梅聽完我的說明，又問：「那媽媽如果透過羊膜穿刺，得知胎兒不健康時，到底要不要留下孩子呢？」

我說：「這件事我個人沒有意見，這其實跟一個國家的文化有關。據我所知，西方國家做羊膜穿刺的孕婦人數，比東方國家少很多，因為西方國家的父母即使透過羊膜穿刺，得知胎兒有唐氏症、智能不足、染色體異常等等，通常還是會選擇生下來，而東方國家的父母多半會選擇拿掉孩子。所以羊膜穿刺在東方國家比較盛行。這件事可以由父母自行決定，即使父母因此產生罪惡感，也不屬於自然罪惡感。」

有些高齡產婦或有危險因子的母親，會在孕期做羊膜穿刺，得知胎兒智能不足，或是萎縮卵，或停止心跳，被迫拿掉孩子而悲傷不已，或覺得自己沒有保護好孩子而不斷自責，其實毋須如此，因為他們都不具生命。

以萎縮卵來說，由於染色體異常，因此造物主就讓胎兒自然萎縮掉，於是到了第八週，胎兒就不再有心跳了。這是大自然的一種恩典，因為祂不要孩子生下來後有問題，造成更大的不幸。

「離婚」沒有想像的恐怖，而是重生的開始

今年一月時，學員曉妮想跟家人來一次家族旅遊，結果小姑緊張地大力反對，曉妮不解地問她：「為什麼不能家族旅遊？」

小姑說：「因為中國要打過來了呀！我們現在就開始準備了，我先過去加拿大，打點好一切後，再把你們接過去。」

曉妮在課堂上提及此事時說：「就算真的發生戰爭，我的家人、我的一切都在台灣，我怎麼可能離開？要打就打吧，沒什麼好怕的。我連癌症都得過，幾度在死亡邊緣徘徊了，還怕什麼？現在我覺得那場疾病就是一份生命的禮物，我每活一天就是賺到一點。」

若不論政治立場，我其實覺得兩岸統一也沒什麼不好，台灣人有機會成為世界第二強國的國民，還挺威風的，這也是一種人生經驗的擴展，不過前提是：中共必須給予人民更多的自由，我可沒有不要自由民主的生活哦。

然而兩岸是否統一的問題會引起爭議，是因為我們擔心兩岸統一後，生活會失去自由，但為什麼我們只有一種想法？為什麼不是中國大陸因為統一而開始民主化？但如果你能這樣想，就不會對兩岸衝突感到恐懼了。

曉妮又說：「就像當初我也不想離婚，我覺得離婚好恐怖。結果真正離婚後，卻發現其實也沒什麼，不過如此而已。所以後來我又結婚了，現在日子過得很開心。」我相信很多人都跟過去的曉妮一樣，覺得「離婚」就是世界末日，但其實「離婚」只是一道簡單的手續，會覺得害怕，是因為頭腦編造了太多可怕的故事，不斷在欺騙我們。

曉妮就是在婚姻瀕臨破裂時，被診斷出罹患癌症，沒想到離婚後，癌症好了，還結了第二次婚，把自己養得白白胖胖，我打趣道：「妳現在過得很好吧？除了胖一點之外。」

她開朗地笑說：「可是我就喜歡我現在這個胖胖的樣子啊，哈哈哈！」這就是傳說中的「幸福肥」吧？你看看，只要搞定了自己的心，無論別人怎麼說、怎麼看待你，你都不在乎，這樣的人生多自在快活啊！

放下各種執著，心才能真正安定

學員辰青來自中國，小時候只要爸媽晚一點回家，她就會開始擔心爸媽是不是出了什麼意外，而跑到屋外四處探看，希望爸媽快點出現。直到現在辰青依然如此，只要家人晚一點回家，或公司同事沒有在正常時間出現，她都會懷疑對方出了意外，不斷打電話確認對方平安無事。

這種心情我很能理解，我媽媽今年八十九歲，沒跟我們夫妻住在一起，只有一個印傭在照顧她，所以我也經常會擔心她，相信很多人子都跟我一樣，對年老獨居的父母很不放心。

加上這三年的疫情，以及我經常到國外出差，可能在深圳、多倫多、吉隆坡、新加坡等地，這樣的我要如何安撫自己的心，不去擔心我媽媽呢？我的具體安心方法是：

一、請了年輕力壯的印傭照顧媽媽。

二、陸續安排我二姊住到我媽媽家的樓上，媽媽住二樓，二姊住五樓，可以就近照顧；後來又安排我大姊住到媽媽家附近，走路只要五分鐘，隨時支援。

三、即使我人不在台灣，我媽媽也一定找得到我太太，絕對不會孤立無援地發生什麼危險。

另一方面，我也花了很長時間做心理建設，不斷告訴自己：就算我人在媽媽身邊，遇到她有什麼突發狀況，也是跟印傭做同樣的動作：打一一九叫救護

車，把人緊急送醫。我在不在她身邊又有什麼關係？

即使媽媽因意外而去世，遠在國外的我見不到媽媽最後一面，我也不覺得遺憾，因為我知道靈魂是永生的，搞不好我之後每天晚上都會夢見媽媽，那我又為何要執著於見她最後一面？

只要我能放下這樣的執著，就不會有那麼多痛苦和牽掛，而且我認為孝順是在於平常我們對待長輩的態度與照護，而不是在長輩去世的前一刻，必須陪在他們身邊。

我爸爸當年被送到急診室時，已經沒有了呼吸心跳，但那是一場意外，我根本沒有心理準備，便要求醫護人員急救。結果急救了半小時還是回天乏術，直到那時我才意識到爸爸早已離開。

當時只有我一個人在現場，醫生問我：「要不要急救到其他家屬到場？」我當下決定：「我做主，不要急救了。」我覺得一切夠了，我不要爸爸的肉體再受折磨，我要他平安地離開，但你知道那是一個多麼痛的決定嗎？

即使如此，我依然希望媽媽將來能走得平安，所以如果有一天，我確定無法挽回她的生命時，我會選擇放棄醫護急救，不讓媽媽受太多苦。

「搞定自己的心」經常是一個漫長的過程，是無數細微複雜的變化堆疊而成的，但我相信只要學會信任，宇宙自然會把我媽媽照顧得無微不至。所以現在的我已不再被頭腦的許多「萬一」綁架。

辰青和我的情況很類似，她爸爸過世二十多年，媽媽今年也有八十五歲了，她害怕媽媽離世，更害怕獨自面對沒有媽媽的人生，所以她用盡各種方法，要讓媽媽陪她久一點，但她心裡很清楚，離別的一天終會到來。而只是描述這個可能的情況，就讓她哽咽得快說不出話來。

我告訴她：「即使有一天妳媽媽過世了，她也並未消失，只是她不再以肉體的形式出現，她可能每天晚上都會去妳夢裡，與妳相見，這樣不也很好？最重要的是，她不再受到肉體的束縛，可以永遠年輕、沒有痛苦，相信那時妳一定會替她感到高興的。」

靈魂是來地球出差、旅遊、學習、考察兼玩耍的，所以人的辭世並不是離開，而是回家，回到靈魂真正且永遠的家。所以靈魂在離世的那一刻，都是非常開心的，因為完成此生的任務，終於可以回家了。

當你明白並相信這個真理時，就不會對親友的死亡感到遺憾或恐懼，反正若干年後，你也要回家，你們最終都會在天上相聚。

「自責」和「罪惡感」讓你搞不定自己的心

學員小玲照顧失智症的媽媽兩年多，從一開始的巴金森氏症到後來的老年癡呆症，小玲每天都在和不同的媽媽奮戰。後來媽媽階梯式的退化讓小玲再也承接不住，只好忍痛將媽媽送到專業的照顧機構。

她說：「雖然不用再照顧媽媽，讓我終於自由，可以過自己想過的生活，但我每次去看她，都覺得她一直在離開，就會有很重的罪惡感，不斷地回想過去兩年裡，我是不是忽略了什麼照護的細節，才導致媽媽的病況急轉直下，變成現在這副模樣？」

我不得不直接地告訴小玲：「其實妳媽媽的主要意識早就走了，妳把媽媽留在身邊照顧，對她不會更好，還可能拖累全家人，而且妳沒有做錯任何事，導致她有巴金森氏症、老年癡呆症，這完全是妳媽媽的靈魂選擇的生命挑戰。她的意識已經不在了，連自己的女兒都認不得，安養院對她來說才是一個安全的環境，所以妳選擇把她送到專業機構是對的。」

很多時候我們搞不定自己的心，就是因為「自責」和「罪惡感」，它們無所不在，會每天不斷折磨你，遇到這類的事，你一定要不斷告訴自己：「我沒有做錯，我不要再自責了。」

學員小怡的爸爸在確診一個月後便過世。當時爸爸被送到急診室急救，竟被診斷出罹患菜花，不了解這個疾病的媽媽說，爸爸一直有這個毛病，已經好幾十年了，都沒有接受治療，小怡非常驚訝，卻也無可奈何。

其實菜花是高傳染性的疾病，好比說，與菜花患者使用同一部電腦，就可能透過電腦鍵盤被傳染，上公共廁所也有可能被傳染，未必是透過性事傳染的。因此若不小心得了菜花，千萬不要怕丟臉，一定要趕快接受治療。

但沒想到小怡在醫院照顧爸爸一天，就換她確診了。她只好乖乖在家中自行隔離，可醫生卻一直打電話問她爸爸的事怎麼處理，她告訴醫生：「我現在確診不能到醫院去，有事問我弟弟。」但醫生還是天天打電話給她，報告爸爸的病況，眼看爸爸如此痛苦，她卻不能陪在身邊，讓她苦不堪言。

後來醫生用藥治療爸爸的菜花，導致睪丸變黑且失去功能，醫生建議切除睪丸保命，且若要手術，必須幫病人插管，術後就不能再拔管了。但爸爸死活不肯同意，可若不動這個刀，有可能導致敗血症。

就在小怡結束隔離的前一天，爸爸過世了，小怡一家人也才知道爸爸已經寫好遺書，還交代媽媽他死後要用樹葬，並且不要子女後代祭拜他，可見他早已決定離開。

當時小怡很遺憾自己不在現場，否則一定不顧爸爸反對而同意開刀，或許爸爸就不會死了。為此她自責了好長一段時間，後來才漸漸想開：「這會不會是一種殘酷的慈悲？老天知道我若在醫院，一定會同意動刀，老天不想讓爸爸再受折磨，就乾脆不讓我去醫院。」

小怡覺得這一切的安排都有深意，她是爸爸最疼愛的孩子，爸爸又是愛面子和大男人主義的人，一定不想讓女兒看見他痛苦醜陋的樣子，小怡的確診無疑是成全了爸爸的心願。小怡也很慶幸自己當初確診被隔離，沒有機會強迫爸爸開刀，才讓爸爸能體面地離世。

但這段心路歷程是小怡千辛萬苦走過來的，過程中，她的心也曾被罪惡感啃噬得千瘡百孔。我希望藉由小怡的故事提醒各位，有一天你若遇到相同的情況，請不要覺得親人的離去是你的錯，那是他們靈魂的選擇，你只要祝福他們、搞定自己的心，就不必承受這樣的痛苦。

老婆，妳什麼都好，除了胖一點之外。
我就喜歡我現在這個胖胖的樣子啊！
領銜主演：樂樂
領銜主演：心心

第2章

搞定你的心，
就能搞定你的身體

人的自我意識在遇到問題時，想的永遠是怎麼搞定別人：怎麼搞定我的老闆、搞定我的團隊、搞定我老婆、搞定小孩、搞定年老的父母、搞定我的銀行存款數字、搞定我的股票、搞定我的房地產、搞定我的房客等等。

但其實這些都是外境，如果你一直搞不定自己的心，這些困擾就會紛至沓來，讓你應接不暇、疲憊不堪，唯有先搞定你的心，它們才會變得簡單，甚至自動消失。

禪宗的二祖慧可出家前是個大將軍，一生中殺人無數，導致他後來夜夜惡夢不斷，於是他求助於達摩祖師：「大師，我每天晚上都夢見有人來找我索命，可否請大師安我的心。」達摩祖師說：「沒問題，你把心拿出來，我幫你安。」慧可聞言語塞，他怎麼可能拿得出心來？心離了身體還能活嗎？最後沒辦法，慧可只能黯然離去。

慧可回家後苦思該如何是好，最後砍斷了自己的左臂，再去找達摩祖師：「大師，我拿不出自己的心，只好砍斷一隻殺人的手，以示我的決心。」達摩祖師這才收他為徒，後來慧可修道有成，成為禪宗二祖。就連慧可這樣的大師都必須自斷一臂，才有機會求得心安，可見一個人要搞定自己的心有多難了。

只要心定，便什麼病都不怕

學員小蓮在課堂上分享了一段罹癌的心路歷程。她和丈夫接觸賽斯心法已有十幾年了，二〇二二年八月，小蓮被診斷出罹患末期的大腸癌，當時癌細胞已經轉移到肝臟與淋巴，但他們夫妻並不氣餒，一直積極接受治療。

那天在課堂上，他們夫妻兩人輪流廣告賽斯有聲書APP有多好用、給了他們多大的幫助，兩人一搭一唱非常有趣。他們還提到十多年前，台南分會一位學員罹患了胃腸道肌質瘤，這種腫瘤長在胃部，是胃癌的一種，當時已轉移到肝臟，而且腫瘤高達四顆之多。

早年還沒有賽斯有聲書APP時，她便在家裡的客廳、廚房、餐桌都各放一台CD Player，時時播放賽斯有聲書，走到哪裡就聽到哪裡，硬生生地治好了她的胃癌。如今十幾年過去了，我二〇二三年二月到台南上課時，她人還好端端地坐在台下上課。

還有一位當年讀中山醫科大五的學生，他罹患的是末期腺癌，罹癌後，他一直跑台南分會，從分會一早開門待到打烊，也曾病到只剩一把骨頭，如今人在台南奇美醫院擔任神經內科醫師，而且已經結婚生子，家庭幸福美滿。

而小蓮分享完以上兩個案例後，當眾宣布：她在二〇二二年十一月回醫院複診時，醫生說她體內的癌細胞已經統統消失了。

說了這麼多，用意在傳達一件事，那就是：搞定你的心，就能搞定你的人生，包括你的健康。以上這些案例就是最佳的證明，因為他們都在病程中重新探看自己的心，不斷練習搞定它們，最後慢慢療癒了自己。

每次聽到學員這類的分享，就會覺得：我們為推廣賽斯心法的所有付出都值得了。我也因此有了一個想法：以後任何學員要到基金會上課，都可以先報名、先上課、後繳費，學費只要在一年內繳納即可；可以一次付清，也可以分期付款，期間基金會絕不催帳。

後來我發現很多分會主任已經開始這麼做了，這也讓我很欣慰，原來有這麼多人都在用自己的方式推廣賽斯心法。

衝突信念需要橋梁信念來化解

一個人有多少信念，就可能有多少互相矛盾的信念，賽斯書《個人實相的本質》就用了一章的篇幅，專門講人生所有的衝突信念，可見一個人的心有多難搞定了。舉例來說，有人想離婚，又害怕離婚；想狠狠教訓小孩一頓，又捨不得打罵小孩；想尋求他人幫助，又擔心被人說自己太依賴等等，這類的矛盾往往會使一個人的行動力受阻，因而一事無成。

信念衝突會造成的影響往往超乎想像，甚至會導致疾病的產生，例如痛風、關節炎的發作，讓患者痛到連動一下都很難，正是因患者內在的衝突信念形成阻礙，使患者無法行動自如。除了身體不適，思想的矛盾也可能引發不安、憂鬱、焦慮、恐慌、憤怒等負面情緒，你以為是外在發生的事件讓你不開心，殊不知這些情緒是來自於內在沒有處理的衝突信念。

對於衝突信念，賽斯心法也有解決之道，那就是：建立橋梁信念。橋梁信念就像我們常說的「雙贏」（Win-win），我要讓你贏，但我也沒有輸；你是對的，我也沒有錯。意即在雙方意念對立、衝突、相反時，設法在兩種立場不同的意念上，搭起一座橋梁，使得雙方意見能有相似、相連、相通之處，讓這個新建立的信念成為當事人的處世準則，化解內心的不安與掙扎，從此不再左右為難。

舉例來說，我有位個案跟男友交往多年，卻遲遲不敢結婚，因為她是獨生女，怕自己一出嫁後，年老的父母無人照顧，一直在結婚與不結婚之間苦惱，後來我跟她說：「那妳就在爸媽家附近或同一棟大樓買間房子，婚後住到新房子，就近照顧爸媽不就結了？」她一聽才如夢初醒：「對耶，我怎麼沒想到？」

「結婚」與「不結婚」是兩個衝突的意念，而「住到爸媽家附近」就是解決衝突的「橋梁信念」。人一旦找出自己的橋梁信念，就能豁然開朗，所以你一定要學習建立橋梁信念，那可以幫助你掙脫許多舉棋不定的窘境。

明知之光即內在的智慧之光

還記得二〇二三年二月六日，土耳其南部與敘利亞接壤的邊境，發生了七．八級的強烈地震嗎？當時地震震垮了數千棟建物，死亡人數超過三萬人，是土耳其百年來死亡人數最多的地震。當局為平息民怨，大舉逮捕了大批建築師、營建承包商、測量師等專業人員，在國際間引起了不少爭議。

於是有人開始擔心同樣的地震若發生在台北市該怎麼辦，並熱烈討論要如何預防。但我們都知道，真正的強震發生時，人根本連站都站不穩，哪還能思考什麼事？再多預防對策也無法執行，遇到這種天災人禍，又要教人如何安心？

而我找到的安心之道，是出自於美國現代心理學之父威廉．詹姆士寫的《一個美國哲學家的死後日誌：威廉．詹姆士的世界觀》一書。這本書是詹姆士在往生五、六十年後，將自己的意識和訊息傳給魯柏，而後由魯柏撰寫成的，是一本我很喜歡的書。

書中提到兩個很重要的觀念：明知之光與愛的氣場。詹姆士曾惋惜地表示，如果有人在他還在世時，就告訴他這兩個觀念，那該有多好。是的，如果你不明白這兩個東西，那麼你終其一生可能都無法搞定自己的心，所以你必須在日常生活中，不斷覺察與體會這兩者，才不會一直處於恐懼與不安中。

明知之光就是「宇宙全知全能的智慧之光」，亦即賽斯心法說的「內我」、「感覺基調」、「內在的神性與佛性」等等。一個人不管是生是死，都有這道智慧之光帶領，只是人活著的時候，很少感覺得到它的存在。但只要你撥開遮蔽生命的烏雲，便能感受到智慧之光的照拂，不再是迷失方向的痛苦眾生。

若你願意追隨這道明知之光，就請告訴自己：「我相信明知之光，我希望被它所帶領。」只要你發出這樣的意念，明知之光便會為你創造實相，在你遭逢人生困境或危難時，給你靈感、讓你找到線索、得到適當的指引，最終解決難題。

就拿我一位學員阿明的例子來說，他原是位麵店老闆，每天賣麵累得要死要活，卻一直賺不到什麼錢，但他始終相信：「總有一天，我一定會得到上蒼的幫助，從此脫離貧窮的苦海。」後來有人跟他介紹了賽斯思想，他買了書來看，也到分會上課，因而輾轉認識了我。

有一天，阿明突然接到一通陌生的電話，對方才講了兩句話就斷線，他根本不知道對方說了什麼，基於禮貌他又打了回去，結果對方問他要不要加盟「四海遊龍」鍋貼店，兩人還認真地就此事討論了很久。

結果當天晚上阿明就做了一個夢，他說：「我夢見許醫師和許太太穿著『四海遊龍』鍋貼店的制服，開著一輛大巴士來接我。第二天醒來以後，我覺得這是好徵兆，於是決定收掉麵店，改開『四海遊龍』鍋貼店，結果生意開始好起來，所以我很感謝許醫師。」那天他上課分享這件事時，已經賺到錢好幾年了。

我告訴阿明：「其實讓你賺錢的人不是我，而是你的明知之光，它知道你常聽許醫師的演講，很相信許醫師，所以才會用許醫師的形象示現，說服你開『四海遊龍』鍋貼店會賺大錢。」

阿明問我：「那為什麼會有人突然打電話問我要不要加盟『四海遊龍』？」

我兩手一攤：「這我就不知道了，但這就是賽斯說的『神奇之道』，它就是這麼自然而然地發生了。」

試問，你若接到一通陌生電話，對方講什麼你都聽不清楚就斷線了，你回撥的機率有多高？應該是零吧？但阿明卻鬼使神差地回撥了電話，因而得到了這個擺脫困境的機會。

所以，你不用去想宇宙會用什麼方法讓你如願以償，一旦去思考可能的方式，就等於限制了宇宙的智慧，反正你也想像不到，何必浪費時間和腦力？只要單純地相信就好，時間到了你自然會知道答案。

我們都很習慣把自己的期待寄託在別人身上，譬如不會賺錢的女生，希望嫁個會賺錢的老公；喜歡美食的男生，希望娶個會做菜的老婆；經濟遇到困難時，希望有人突然給你一大筆錢，馬上解決你的問題。但最終你會發現，愈是向外求助，愈有一種無力感，好像根本沒人幫得上你的忙。

其實你不用指望別人，你可以直接向內心求助，因為你得到的所有幫助，其實都來自於你的內在。當你向內心求助後，它可能會讓你直接得到力量，也可能安排別人來幫你，如同我常說的「自助人助，如有神助」。

不過，每當有學員問我：「許醫師，我到底是要靠別人幫助，還是只能靠自己啊？」我都會回答：「當然兩個都要，因為它們都是明知之光為你安排的呀！」

愛的氣場源自內在，卻無所不在

詹姆士在《一個美國哲學家的死後日誌》一書中提到：他在自己死後的五、六十年裡，從未見過上帝與天堂，但他卻覺得自己一直都身處天堂，因為他經常感覺到自己被一種愛的能量包圍，也就是他所謂的「愛的氣場」。而一個人只要身處愛的氣場，就不用像詹姆士那樣，得經過「死亡」這道程序，才能身在天堂。

詹姆士在世時，曾於一八八五年創立「美國心靈學研究會」，終其一生都在探討超個人的心理現象與超心理學，強調每個人都有巨大的潛能尚待開發，卻只有少部分的意識被利用，他也參加過類似禪坐的靜坐活動，並做靈媒的實證研究。

但他在書中卻遺憾地表示：早在他還活著時，「明知之光」和「愛的氣場」便已存在，卻從來沒人告訴他，直到他死後幾十年才得知此事，如果他活著時就能體會到這種力量，就不會半生都為憂鬱症所苦了。

詹姆士所謂的「愛的氣場」並不是什麼哲學名詞，而是宇宙間真實存在的一種氛圍，它是有生命、有意識、有覺知的，宗教稱它為神、佛或上帝，無宗教信仰者稱它為「大自然的能量」。

我知道很多基督徒都覺得自己在受洗後，感受到上帝滿滿的愛，所以他們相信上帝、追隨上帝，他們禱告、聚會，卻也擔心自己不被神所喜、不為上帝所愛。但基督教營造出來的氛圍並非愛的氣場，因為真正的愛不會有擔憂討好，不會有誰高誰低、誰又得侍奉誰。

而賽斯心法要帶你認識的是你內在的基督，也就是內在的愛的氣場，身在其中人人平等，你不需要信仰什麼宗教、追隨什麼大師、去教堂做禮拜、去寺廟參加法會，只要你願意相信，就能感受得到它給你的愛。

人生兩大痛苦來源：不被愛與缺乏安全感

我大部分的患者都有兩個共同的感受，那就是：缺乏安全感、覺得自己不被愛。這讓我想起前陣子有位個案跟我說：「許醫師，我先生真的很愛我，最近他把自己名下的房地產都轉到我名下了耶。」當時我也替她高興，心想有一個這麼愛她的老公，相信不管她生了什麼病，一定都能很快康復。

沒想到過了不久，她哭喪著臉跟我說：「許醫師，我後來發現我老公把那些房地產都拿去銀行抵押，借了好多錢出來。那些房地產都在我名下，要還錢的人是我耶！」我一聽也愣住了，明明是如此具體的愛妻行為，背後卻藏了這麼多心機算計，難怪世人會這麼缺乏安全感。

還有一位個案的先生因故要入獄服刑三個月，個案說：「許醫師，我老公入獄前，只留了三個月的家用給我，多一毛都不肯給。」我不太能理解：「妳老公也太小氣了吧？萬一妳家裡有什麼急用怎麼辦？」她很傷心：「他說萬一我趁他入獄三個月，把他的財產都捲跑了怎麼辦？所以他只能給我剛剛好的錢……」我聽了不禁搖頭，自己的老婆都不能相信，真的很缺乏安全感啊。

但說真的，別說是伴侶了，就連父母也不一定愛孩子，又怎能期望沒有血緣關係的伴侶對你推心置腹？你知道有多少人認為父母偏心，覺得自己是家裡不受寵、不被愛的孩子嗎？世上覺得自己不被愛的人太多了，他們多半活得不快樂，或者衍生出許多心理問題，更有甚者，一生都搞不定自己的心。

上一章提到的學員辰青有一對疼愛她的父母，卻也有不被愛的感覺，因為從小就特別疼她的爸爸，在她二十歲時去世了，造成了她極大的打擊，多年後提起此事的她，仍語帶哽咽：「我爸爸走的時候，我真的很絕望，覺得從此再也沒有人愛我了。」而她也因此種下了一個「我不被愛」的信念。這也是後來辰青婚姻不幸福、長期被丈夫苛待的原因。

我對她說：「如果妳不能感受到一切萬有對人類無私無盡的愛，而企圖在人類的身上找到這樣的愛，那妳恐怕會很失望了。」因為很多人真的沒有愛人的能力，他們連愛自己都做不到，哪還有能力愛別人？

「包含妳爸爸在妳二十歲之前給妳所有的愛，都來自於這個愛的氣場。而妳爸爸之所以能這麼愛妳，是因為宇宙有一個造物主深愛著萬物。也因為這個愛的氣場，才會有一個這麼愛妳的爸爸，來到妳的生命裡。但不管妳爸爸現在身在何處，只要妳感受到愛的氣場，就能連結到妳爸爸，以及爸爸對妳的愛，還能改變先生對待妳的方式。只要妳開始覺得自己值得被愛，就不會再為各種原因委屈自己，因為一個被愛的人是不會一直委屈自己的。」

事實上我們所有人都被愛的氣場所包圍籠罩，你一定要認清這個事實，才能慢慢打開自己的心。如果你覺得自己不被愛，想擺脫這種孤單的感覺，就要建立一個信念，並且不斷地強化它，那就是：「我是一個被愛的氣場所包圍的人，我值得所有人愛我。」

承認自己的脆弱，才能找回勇敢的自己

焦慮症和恐慌症患者會有的各種症狀，大部分是自律神經失調所致，因

為他們會有太多的擔心，害怕自己撐不住、做不到，最終把身體逼到失控。很多恐慌症患者年輕時，可能都患有「白袍高血壓症」，就是明明在家量血壓都很正常，一旦到了醫院量，血壓就開始不正常，為什麼會這樣？因為有些人到醫院時，會不自覺地緊張起來，而產生暫時性的高血壓，這也跟自律神經失調有關。

那麼，焦慮症和恐慌症又是怎麼來的？我舉個例子你就懂了。我有位個案好不容易升職，理應大肆慶祝一番，結果卻跑來掛我的門診，跟我說：「許醫師，我昨天升經理了，工作量一下子變好多，我擔心自己的身體受不了，可是我又不想放棄這個機會，而且我這樣突然升官，會不會有人看不過去，就來攻擊我、霸凌我，到時候我要是受不了，那該怎麼辦？」你聽了會不會覺得他真的想太多？但患者就是有這些大大小小的煩惱和擔憂，才逐漸累積成焦慮症和恐慌症。

有個學員志瀚，他經常出差，長期遊走於大陸各地，他戲稱自己就像賽斯說的，是一個來地球到處出差、旅遊、玩耍的靈魂。他很喜歡他的工作，幾乎不用花什麼力氣就能完成工作，而且做得很好，他曾經自豪地表示：「中國大陸有一半的土地都被我踏遍了。」

快意馳騁東北、在雪山住上幾天、在大草原上騎八小時的馬，跟兄弟朋友大口喝酒、大口吃肉，認識志瀚的每個人都覺得，人生過得如此恣意的他是開朗陽光的人，他也一直以為如此，直到有一天恐慌症找上門，使得他的世界逐漸變調。

他依然從事相同的工作，但精采的生活卻無法撫平他內心的焦慮與恐懼，只要一離開熟悉的工作場域，他就開始感到不安。後來志瀚的父親去世了，造成他極大的打擊，父親之前一直都很健康，沒想到卻在九十一歲時中風倒下。志瀚一直以為自己會跟父親一樣健康，從沒想過自己會生什麼重病，但父親中風後，他開始擔心自己會不會像父親一樣中風？

接著他又想，自己在大陸居無定所，長年住在各地酒店，也沒有任何緊急聯絡人，他在課堂上感嘆道：「說難聽點，哪天我掛了都沒人知道！」後來他開始緊張起來，在行李箱、包包、皮夾、手機背面都貼上緊急聯絡人的姓名電話，囉嗦到自己都快受不了。我完全可以了解志瀚的無助，當年我恐慌症發作，每逢我上課或演講，只要有人離我近一點，我就很想逃，因為我受不了別人離我這麼近。

後來志瀚開始跑馬拉松，而且跑的都是全馬，試圖用強度運動讓自己堅強勇敢起來。然而這些努力都安撫不了他的心，每次回台灣休完假，要再次前往大陸工作時，他就開始莫名地這裡痛那裡痛，彷彿有另一個他苦苦哀求著：「不要去……不要去……不要去……」

他不懂自己是怎麼了，只能戰戰兢兢地一天過一天，他不知道那聲音其實是來自於膽小害怕的他，那個他是如此地弱小無助，脆弱得連門都出不了。

直到他接觸到賽斯心法，才發現自己曾經的快意人生、運動全才都只是外境，他其實並不堅強，也不快樂，只是透過不停的旅行試圖讓自己開朗起來而已。於是他開始學習賽斯心法、學習往內求，才一點一滴地幫自己降壓。

其實志瀚是罹患了恐慌症而不自知，心理師在治療恐慌症時，首先會鼓勵患者承認和面對自己的脆弱害怕，引導他去看見那個軟弱的自己。就像志瀚那個軟弱的自己一直被他忽略、被他用強悍的外表層層包裝，所以志瀚從來沒有發現過他。

於是我告訴志瀚：「你得全然臣服與接受『你會害怕、你很膽小』這件事，用柔軟的心向內在求助，祈求它以力量與智慧帶領你，然後釋放內心的恐懼和焦慮，而不是拚命地壓抑它們，或美其名要克服它們。」

根據統計，恐慌症從第一次發作到痊癒，通常要半年到一年半時間，這還算快的，有些人花了一、二十年時間都治不好。雖然志瀚一直靠自己獨撐慢慢走了過來，但我還是建議他：「你最好還是找個心理師談一談，必要的話，可以吃一點藥，治療的藥物大概有兩種，一種是血清素，一種是短效的抗恐慌藥物。但你不能白得這個病，一定要去弄清楚它為什麼會發生。例如你父親的過世，也是一種驚嚇，因為你意識到下一個死亡的人可能就是你。」

萬法唯心造，心安很重要，卻也很難，所以我們都得把「安心」當做一生修行的目標之一，若能做好這項人生功課，也不枉我們來地球走這一遭了。

老婆，妳真的愛我嗎？
那還用說，你值得所有人愛。

第3章

不喜歡的實相
也是我創造的？

在工作坊上，學員小靜跟大家分享了她以信念創造實相的經驗。小靜出身一個有六個兄弟姊妹的家，因為孩子多，爸爸為了養活一家人，每天都工作得很辛苦。小靜從小就很心疼爸爸，所以一直有個強烈的念頭：「將來我一定要找個可以跟我一起孝順爸爸的老公。」

長大後小靜順利結婚了，婚後有一天，爸爸跟小靜的老公說，他想在老家買房子安享晚年，老公也答應幫爸爸出錢買房。但其實小靜的爸爸在老家已有房子，卻嫌它位在大馬路旁，每天車來人往吵得要命，所以想買間環境清靜點的房子。

但小靜懷疑爸爸是想買房子給弟弟住，於是她跟老公說：「我們把房子買在我的名下，爸爸愛住多久就住多久，等他百年之後，房子依然是我們的，不必繳遺產稅，也不會被轉移到其他人名下。」

小靜的老公覺得這個建議不錯，卻不好意思對岳父開口，便對她說：「那妳自己跟爸爸講好。」小靜拍胸脯保證：「沒問題，只要我們口徑一致，爸爸那邊由我來說。」能找到這樣一個大方又孝順爸爸的好老公，小靜認為是強烈的信念為她創造出了想要的實相。

小靜的幸福婚姻令人羨慕，但她卻是課堂上少數的幸運者，更多學員學習賽斯心法已久，卻仍處於「心想事不成」的困境中，都會問我：「許醫師，為什麼我還沒創造出豐盛？」「為什麼我還沒創造出我要的實相？」「為什麼我這麼努力了，還是賺不到錢？」「為什麼我學賽斯這麼久，每天都研讀賽斯書、勤於練功，卻什麼也沒創造出來？」但其實他們已經創造自己想要的實相了，只是他們並不喜歡。

一部成功的小說內容不會永遠只是喜劇，人生也是如此，本就有起有落、有苦有樂，而你從過去到現在，一直都在創造你要的實相，無論你的人生是你認為的成功或失敗，你所做的每一件事，都是你最成功的作品，因為你的實相永遠都符合你某部分潛意識想要的。

為什麼小敏沒創造出一段親密關係？

我在香港的一位學員小敏最近被診斷出罹患乳癌，乳癌患者通常有個特色：很努力求表現，希望自己被看見。四十幾歲未婚的小敏從小家境貧寒，所以無論是在學業或工作上，她一直很上進，一心要擺脫窮困窘境，結果皇天不負苦心人，現在的她事業有成，是一家大公司的高階主管。

比起台灣，香港是一個生活更加忙碌、人際關係更疏離的地方，加上三年的冠狀病毒疫情肆虐，社交幾乎被隔絕，讓單身的小敏更覺孤單，她常會自問：「為什麼這一、二十年來，我都沒創造出一段美好的感情？為什麼我都找不到像樣的男朋友？為什麼我什麼都創造不出來呢？」

但小敏錯了，她確實有創造出東西來，她創造了孤獨、不被愛的實相。「創造」並無分別心，創造正面事物是一種創造，但創造負面事物也是一種創造。所以就「信念創造實相」而言，你從來沒有失敗過。也就是說，你現在面臨的實相才是你要的，無論你的頭腦和自我意識承不承認。

小敏聽了我的論點，先是訝異，花了一點時間才認同。我又問小敏：「妳說說看，為什麼妳會創造出自己一直孤家寡人的局面？」

小敏思考了很久，才終於得出結論：「因為我害怕擁有一段美好的關係。」

我問她：「為什麼要害怕？擁有美好的關係不是很幸福嗎？」

小敏說：「但我害怕如果有一天這段關係破裂，我會受到很大的傷害。如果我真的有了要好的男友，我可能會一直活在失去他的恐懼中，所以我寧願從來沒有，也好過擁有又失去。」

「所以孤單是不是妳創造出來的？」又是一個靈魂拷問。

小敏點頭稱是，她說：「我這一生的核心信念就是：不要成為別人的負擔，而我也不想承擔別人的人生。」

小敏雖然很想交男朋友，但其實她還沒準備好進入一段親密關係，她的現狀反映出她潛意識對「失去」的恐懼，所以眼前的實相的確是她創造出來的。

我對她說：「還好妳沒進入一段感情，萬一妳遇到渣男，搞到戀愛或婚姻失敗，把自己多年累積的人脈形象、成功事業都賠進去的話，妳的人生豈不是白忙一場？」她聽完以後一愣，接著大笑，顯然認同這個說法。

所以即使你覺得不好、不順利的事，也都是你創造出來的，而且只要你仔細回想，就會發現你的現況一定跟你之前的某個信念有關，即便那個信念你已經忘了。

例如我小時候曾經有個夢想，要買下一棟大樓，讓我的兄弟姊妹們住在裡面，一家人相親相愛永不分離。雖然如今我並沒買下什麼大樓，但我的家人們都住得很近，走路只要十分鐘就能到，包括我媽媽、大姊、二姊、外甥，全都住在這個距離之內，這不就是我當年的信念創造出來的實相嗎？

為什麼許醫師的四千萬還拿不回來？

再拿我之前買房被騙四千萬這件事來說好了，這幾年我一直想把事情解決、把四千萬拿回來，卻遲遲無法如願，為此我傷透腦筋、花了大筆律師費，甚至曾經懷疑過自己的創造能力，為什麼奔走了這麼久仍一無所獲？直到最近我才想通，我並不是什麼都沒創造，而是把「事情解決不了、錢拿不回來」這個實相創造得太好了！

那我為什麼要創造出這個令人挫敗的局面？這對我有什麼好處？後來我在這個漫長的抗爭過程中，慢慢歸納出原因。自從開始推廣賽斯思想後，我這個人不曾傳出過什麼負面新聞，但現在因為被騙四千萬一案，使得民眾對我有了不同的看法，這些評價有好有壞，有支持的、也有不支持的，有認同的、也有不認同的，但我覺得這樣很好，這才是一個人應有的正常形象。

因為我就是不想高高在上，被人捧得跟神一樣，或者被奉為人生導師，凡事唯我命是從，這是一件對人對己都很危險的事。萬一這使我驕傲自大、自以為是，迷失自己又誤了他人，那該怎麼辦？而且我也很想挑戰「我許添盛能否完全不在乎別人對我的看法」，於是我創造了被詐騙的實相，讓上天狠狠潑我一盆冷水。

其次，我今年五十六歲了，當了二十八年的醫生，推廣賽斯心法三十五年，有時候我也很累、也想退休啥都不幹，如今有了錢財上的損失，重燃了我的戰鬥力，讓我繼續努力工作。顯然我某部分的潛意識希望這些紛爭不要被解決、錢拿不回來，如此我才有繼續奮鬥的動力，所以不是「事情為什麼還沒解決」，而是「我就要它拖這麼久」，「錢拿不回來」儼然成了我的「錢母」，於是這個殘局便被我創造出來了。

約瑟（Robert Butts）是賽斯書作者魯柏（Jane Roberts）的丈夫，也是賽斯書的記錄者，他曾在地球上輪迴多世。約瑟在十七世紀的某一世是個流浪畫家，一直阮囊羞澀、居無定所，後來他娶了地主的女兒、生下了兒子，從此不再為了五斗米作畫，但也再無機會精進他的繪畫技巧了。所以那一世的約瑟雖然很富有，卻也失去了為理想奮鬥的動力。

我曾經想過，如果我那四千萬討回來了，那會怎麼樣？我會不會因為擁有較多的財富，就懈怠了賽斯思想的推廣工作，庸庸碌碌地度過餘生，就像古人說的「生於憂患，死於安樂」那樣？我一直覺得，這兩句話雖不足以成為一個人的核心信念，但它真是挺有道理的。

看似一無所獲，其實信念早已創造實相

有部韓劇很紅，叫做《黑暗榮耀》，劇情描述女主角文同珢在高中時期遭到了校園霸凌，不僅被同學欺負，就連老師也打壓虐待她，最後只能被迫退學，但她並沒有被打敗，憑著自己的意志力和努力，精心策劃了一場等了十八年的復仇之戰。

若以賽斯心法分析該劇，那個被霸凌的局面其實是文同珢創造出來的。離開學校後，她為了報復這些欺凌她的有錢人，刻苦上進，讓自己變得愈來愈強大，不但考取了教師資格，還成了圍棋高手，可以說她的靈魂是為了擁有這些能力，才創造出她被霸凌的實相。

賽斯曾說，有時你得在往生之後，才會發現你的敵人才是真正值得你尊敬的對手，因為他是你的靈魂伴侶，你們在投胎前約好了要互相為敵，促成你們彼此的進步，你甚至拜託他投胎後，一定要欺負你、霸凌你，而你為了復仇努

力上進，不斷地充實自己，讓自己站上了人生高峰。

不只在戲劇裡，實際生活中也有很多類似的案例。我有位個案和先生感情不好，聽她吐完婚姻苦水後，我對她說：「可是你們夫妻感情不佳的實相，是妳創造出來的呀。」

她不敢置信：「怎麼可能？這對我有什麼好處？我幹嘛要創造這種事？」

我說：「當然有好處啊，這樣妳老公就不會一直管妳了，他玩股票虧錢，也不敢找妳借錢，逢年過節也不會要求妳要跟他回婆家、讓妳整個春節都在煮東西做苦工，多好多自由啊！」

她聞言想了想，說：「許醫師，你說的好像有道理，這些都是我不喜歡的事。所以我是因為不想做這些事，才創造出夫妻不和的實相，好讓我不用做這些事？」

我點點頭：「是啊，不然呢？」

還有個學員問我：「許醫師，為什麼我一直創造不出富有啊？我明明已經努力了呀。」

我說：「因為你擅長創造貧窮，所以你一直沒錢。」

他很驚訝：「真的嗎？我怎麼不知道？」

我笑說：「你連你擅長創造貧窮都不知道，又憑什麼創造出富有？你得先想通自己為什麼創造出貧窮的實相，才可能接著創造出豐盛啊！」

我有個大陸的學員，在銀行擔任中階主管多年，愈發覺得工作無趣，心思都不在工作上，而且他並不想升官，因為想升職就必須加入共產黨，可他不想成為共產黨員，成為黨員三天兩頭就要開會，實在很煩很累。年輕時曾經留學德國的他，真正想要的是移民到德國去。

後來他投資了一個朋友的生意，一出手就是一千萬人民幣，每個月都有固定的收益，但後來他的朋友突然人間蒸發般地失去下落，他怎麼找都找不到人。經過一番周折，才打聽到原來朋友因某個案件觸法，竟已鋃鐺入獄，自然也不可能再操作投資而獲益。

他很苦惱地表示：「許醫師，他人都被抓去關了，我的一千萬是別想拿回來了，怎麼辦？」我說：「很好，那你每天上班肯定很有精神。以前你有這一千萬當後盾，每天上班都想離職、看哪個同事都不順眼，人生都快了無生趣了，但現在還會這樣嗎？」他想了想：「還真不會這樣，我好像比以前更看重工作了。」

如今他每天都心甘情願地去上班，不再想東想西。我不知道他現在的狀態能不能帶給他更好的未來，但至少他現在過得比以前有活力，並且想方設法要解決各種問題，為此還認真研究法律條文、會計帳目等，希望有一天能追回一千萬，他的各種能力在無形中逐漸提升，日子過得比以前充實很多。而這或許就是他靈魂想要的，所以才會為他創造出「投資失利、損失千萬」的實相。

所有想不通的事，其實背後都有善意

小蒂是位事業非常成功的女性，也因為工作太忙，一直沒辦法回基金會上課，但有一天她出現在課堂上，哽咽地提到她一位剛往生的好友：「她得了乳癌，後來癌細胞轉移到腦部，但真正奪走她性命的卻是 Covid-19，我們以為她的癌症得到控制，還能活上好幾年，沒想到確診後兩個星期她就走了。」

這個結果讓小蒂很不能接受，她的父親不久前才往生，未料沒多久又傳來好友離世的噩耗，她不明白好友事業有成、有車有房，人生明明很美滿，怎麼會想離開人世？為了找出答案，她排除萬難來上課，在上課和討論的過程中，她才想起好友在罹癌期間，很希望男友能陪伴她，但她的男友卻從來都沒照顧過她，哀莫大於心死，或許是因為感情受創，她才選擇在自己生命最燦爛的時候離開，創造出得了 Covid-19 的實相。

我相信小蒂的好友在天上是帶著微笑的，因為不管一個人活成什麼樣，遭遇過什麼好事、慘事，都是這個人創造出來的，也一定有創造它的理由，所以一切都是當事人最滿意、最成功的創造。

小蒂又說，她之前參加合唱團十二年了，這個合唱團在她生命裡占有非常重要的地位，她十分珍視。有一天，某位團員突然當面對她說：「妳的歌聲好像變差了耶。」小蒂聽了很不高興，但還是默默忍了下來，沒想到過了兩個禮拜，那人竟又當眾跟老師說：「我覺得小蒂的歌聲變差了耶。」小蒂也承認自己看不太懂五線譜，而且不太努力，她覺得能快樂唱歌就好，何必把自己搞得那麼累？

又有一天，小蒂舉手發問：「老師，這個音符是什麼？」這時那團員又跳出來，不客氣地對小蒂說：「這個以前我們都學過了，妳怎麼會不知道？」接二連三的事件讓小蒂非常不開心，甚至不爽到退出合唱團。

一向只求安逸的小蒂，一直不敢參加其他實力強大的合唱團，如今退出原來的合唱團，她就想挑戰自己一下，於是報名參加另一個她本來不敢去的合唱團，為了跟上其他團員的腳步，她卯起來拚命背五線譜：「離開原來的合唱團一直是我心裡的痛，雖然很捨不得，但這次的離開也激發了我的戰鬥力，讓我在歌唱上更精進。」

那是一個大型的合唱團，每個人都有負責的工作，而且是會對外參加比賽的，小蒂說：「我一直逼自己要努力，進步的速度真的超快！」她在課堂討論中，才逐漸體會到：原來當初她創造出「被人嫌棄」的實相，是為了讓自己更上一層樓啊！

有一次，一位六十幾歲的個案跟我訴苦：「許醫師，我先生真的很過分，往生之後沒留給我半毛錢，把所有財產都給兒子，就連我現在住的房子，都轉移到兒子名下了。」所幸兒子答應她，年底要給她五百萬，可就算有五百萬，也無法保證足夠度過餘生，更何況還沒到年底，誰知道兒子會不會真把錢給她，於是她不放心地說：「我要趕快去找份工作，免得到時候兒子一毛錢都不給我，我就沒飯吃了。」

同情她的遭遇之餘，我還是認為她把這個局面創造得很好，雖然整個過程令她委屈又憤怒，卻也因此讓她產生強烈的危機意識，而下定決心找工作。這對她來說，就是人生嶄新的嘗試，也是她靈魂真正想追求的。

學員辰青也是如此，她和丈夫感情不好，婚後一直被丈夫否定和打壓，讓她痛苦不堪，她不明白自己到底做錯了什麼，竟會惹得丈夫如此嫌棄。可她不知道丈夫這麼對她，其實是她創造出來的。

因為她想突破逆境、想擺脫痛苦，所以開始找方法，最後接觸到賽斯思想，慢慢有了心靈上的成長，才逐漸不為這段婚姻所苦。在這個案例中，丈夫看似辰青的敵人，但很多時候你的敵人正是幫助你成長的人，就連教導你的老師都未必能有這種本事。

類似的例子比比皆是，當年賽斯會在地球上出現，就是因為約瑟生了一場大病，讓他不斷思索「人為什麼會生病」，最終將賽斯召喚了出來。而我之所以認識賽斯，也是因為聯考的壓力太大，加上感情的失敗，才會因緣際會地接觸賽斯思想。

學員淑嫻出身南部鄉下，小時候她家裡很窮，小孩完全沒有零用錢，她每次看到鄰居小孩吃零食，心裡都好羨慕，所以她不斷告訴自己，將來長大一定要嫁個有錢人，想吃就吃什麼。懷著這樣的信念來到台北，打拚多年後，她居然就真的嫁進一戶有錢人家了。

她原以為從此能過上豐衣足食的日子，孰料那才是人生苦難的開始，丈夫脾氣不好，動不動就吼她罵她，婆家的人更是防她跟防賊似的，在金錢用度上十分苛刻，明明是豪門媳婦，她卻從來沒有當貴婦的感覺，還是和小時候一樣，一直有著難以言喻的匱乏感。

後來陸續生下三個小孩，好不容易將他們撫養長大，她以為終於可以鬆口氣了，結果小女兒居然得了躁鬱症，讓她的生活再度陷入苦痛。每次講起婆家的事，她都忍不住痛哭流涕，但她來基金會上課一段時間後，人開朗了許多，還笑著說：「要不是來這裡上課，我真的會活不下去，但現在回頭看，卻覺得要感謝他們這樣對我、這樣磨鍊我，否則我不會有今天的堅強。」原來我們之所以創造出那個痛苦的、不夠好的局面，都是為了迎接更美好的結果。

你必須理解，你喜歡和不喜歡的實相，都是你創造出來的，你永遠都在成功地創造你要的實相。而如果眼前的局面是你不喜歡的實相，就要去找出自己為什麼這麼創造的原因，然後看清原因、面對原因，唯有如此，你才可能翻轉你的逆境實相，讓它由負變正，人生由痛苦變快樂。

如果被嫌棄怎麼辦？
那我要恭喜妳的創造成功了。

第4章

學會調整心態，人生就能輕鬆過關

最近我剛追完電視劇《沉香如屑》，它是二〇二二年大陸的一部玄幻仙俠古裝劇，內容講述仙神界五百年前，創世上神青離應淵帝君救下四葉菡萏遺族雙生姊妹於幻化人形之日，並賜名姊姊「芷昔」、妹妹「顏淡」的仙神虐戀故事。總之是一堆神仙愛來愛去的故事，我看了以後，發現就連神仙也搞不定自己的心，而這些都跟他們的「心態」有關，也是本章我想傳達的主題。

我是身心科醫生，平日裡看診接觸很多患者，我抱持的永遠是傾聽、接納、鼓勵、支持的心態，而我主要在做的是「調整個案的心態」，只要他們的心態被「調整」好，病也就好了一大半。

從小到大追求完美，最終把自己逼瘋

台灣的精神分裂症在二〇一四年更名為「思覺失調症」，是一種會出現幻聽妄想等症狀的精神疾病，患者經常恍恍忽忽或躁動不安，甚至有眼神無法聚焦等症狀。有個思覺失調症個案最近來看診，我發現他進步很多，首先是他整個人變帥了，而且神情正常穩定，意念也沒那麼亂了。與他深談之後，原來，我一直幫他調整的一個心態，現在效果漸漸出來了。

他是家族中的長子兼長孫，他們家是台灣中南部的望族，爸爸在台灣和大陸都有公司和工廠，員工人數至少在五百人以上。他的爸爸和爺爺一直很希望他能繼承家業，所以從小到大他一直有個心態：「我應該要繼承家業。」但這個壓力對他來說實在太大，終於把他逼出病來，這也是他來找我的原因。

他第一次來看診時，我跟他說：「我想幫你調整心態，你願意嗎？」

他有點疑惑，但還是點頭答應了。

我問他：「你可不可以接受『我不繼承家業』這個觀念？」

「這怎麼可能？我爸和我爺爺不會同意的！」他反應激烈，覺得這個說法不可思議。

「那你能不能容許『我不一定要繼承家業』這個可能性？」

「為什麼？」

「以世俗的角度來看，你這輩子應該不會餓死，反正你家那麼有錢。你能不能試著去發展別的興趣？琴棋書畫、吞劍、跳火圈、跳芭蕾什麼的，只要能讓你快樂，什麼都好，你可不可以試試看？」

當時我心想，只要他說可以，他的病就會好起來了。他很猶豫，可能從來沒有醫生這麼跟他說吧。

結果他說：「可是許醫師，從小我們家的親戚都說，我是家裡的長孫，長孫是一定要接下家業的。」

我完全不贊同：「誰說的？那社會上豈不是爸爸做什麼，兒子就得做什麼？我也沒有接我爸爸的事業啊。」

雖然我不是家中的長子，但我那身為長子的哥哥出家當和尚去了，我等於就是家裡唯一的兒子，但我仍然選擇了自己想從事的工作，而且過得很好。

然而「調整心態」最難的部分就是：當事人很固執，當醫生的只能迎難而上：「你們家又不缺你賺錢，現在你得了思覺失調症，如果可以發展自己的興趣，讓病完全好起來，一生過得健康快樂，難道不好嗎？」

「當然好。」他點點頭。

個案開始對這個提議有了興趣，於是我再讓他調整第二個心態：「可不可以改成你先去爸爸的工廠上班，當個員工或中階主管，把它當成一份普通的工作，而不是要去繼承爸爸的事業呢？」

「為什麼要這樣？」

「這樣你壓力就不會大到把自己逼到思覺失調啊！」

當時的他能力不到，自信心也不足，硬要接下家業，當然會把自己逼瘋。唯有容許違背他原本意願的可能性存在，才不會把自己搞死。

後來我教他冥想，又要他聽賽斯文化的有聲書，有一天他聽到某一段：「所有我們的不完美，都是宇宙完美計畫的一部分。而所有我們的不完美，都會在宇宙完美計畫中得到救贖。」讓他十分震驚，因為他一直有個心態：「我要當一個完美的人。」所以他從小到大都在逼自己凡事要做到一百分，他不知道，宇宙的本質本就是完美的，而這個完美需要很多的不完美促成，所以人當然可以不完美。

他也曾問過我：「人真的可以不完美嗎？」

我說：「其實『接受自己的不完美』，遠比『讓自己完美』重要多了。凡接納都會過關，凡抵抗必定痛苦，你要不要改變你的心態，接受人可以不完美、接納你不完美之處？」

個案之所以生病，是因為他只接受「完美的自己」，試圖把不完美的自己分裂出去，於是那個不完美的自己就變成次人格，當次人格發聲時，就變成了他的幻聽。

我們一輩子都要做「調整心態」這件事，並且時時去覺察自己有沒有在調整心態，別讓自己的心態一直停留在過去。「調整心態」四個字聽起來很簡單，但有人就是一輩子都做不到。

佛家說「人生是苦海」，但賽斯說：「我們都是來地球出差、旅遊、考察兼玩耍的實習神明。」這話其實也是在調整人的心態，因為這麼想，你的心態就會是正面、快樂、利己利人、利益眾生的。所以若有親朋好友往生，請你不必感到悲傷，而是要恭喜他結束出差，了無牽掛地回到神的身邊了。

調整好心態，就能輕鬆面對難關

我們基金會合唱團裡有位成員，她兒子十幾歲就得了血癌，也做過多次的骨髓移植，一直掙扎到二十幾歲，終於不敵病魔的折磨，在幾個月前往生了，她非常難過，自責地想著都是她的錯，是她生給兒子一個不健康的身體；是她不夠盡心盡力，沒能找到更好的方法治好兒子。

後來我告訴她：「妳兒子本來就打算活到二十幾歲，他的靈魂早已決定跟妳的緣分就到這裡，妳做得再多也是枉然，他不會因為多做什麼、少做什麼，就改變他的生命歷程，其實，他能活到二十幾歲，已經被妳強留下來很久了，如今他的靈魂已踏上另外一個旅程。而且你兒子離開生病的肉體，終於可以不用再受苦，妳應該為他感到高興。」

她噙著淚問我：「是這樣嗎？那他為什麼都沒有託夢給我？」

我說：「人家剛去一個新的地方，還在適應當中，哪有時間跟妳聯絡？妳不能讓悲傷成為不再繼續往前的藉口，別忘了妳還是先生的妻子、女兒的媽媽，人生還有很多任務要完成。」

當你一直以別人為生活重心，無論這個人是你的父母、兄弟姊妹、伴侶、孩子，你都能因此不用面對自己、不必想著如何為自己而活，其實也是另一種輕鬆，甚至是逃避、偷懶或缺乏勇氣。過去十幾年來，這個媽媽一直以照顧兒子為生活重心，現在她必須把重心放回自己身上了，這也是兒子送給她的禮物。後來她在我的開導和賽斯家族的陪伴下，慢慢走出喪子之痛。而這也是她透過賽斯心法的精髓，一步步調整心態，才解救了自己。

有一天，有位個案來看我，跟我說她的女兒最近結婚了，但她在婚禮上看著女兒的身影，卻突然悲從中來。我問她：「妳是不是覺得有一種失落感？」她點頭如搗蒜：「對啊對啊，就是這種感覺！」

過去女兒是她的生活支柱，手機、電腦不知道怎麼用，女兒都會悉心教導她，任何生活上的難題瑣事，也都會幫她一一解決，她已經習慣依賴女兒了，如今女兒結婚離開她身邊，她一下子失去了依靠，當然會覺得若有所失，以及有種隱約的害怕。這個時候除了調整自己的心態，沒有別的辦法可以救她。

我希望每個人都能經常問自己：「我今天調整心態了嗎？」尤其是你覺得不能隨心所欲、不能得償所願時，更要問自己：「我能不能調整心態？」

話說我媽媽不良於行、必須坐輪椅已經很多年了，她一直很想回到自己五、六十歲時，還能騎著機車到處趴趴走的日子。有一天，我跟太太去看她，她又開始跟我說，聽說哪個醫生很厲害，可以治好她的腿，讓她重新站起來走路云云，接著又埋怨自己身體為什麼這麼差，開始發起沒完沒了的牢騷。

這時我覺得，應該要幫媽媽調整心態了：「媽，妳記得五年前的胃鏡檢查事件嗎？」大約五年前，我媽媽因為胃不舒服，到醫院做胃鏡檢查，不料檢查到一半，她突然喘得很厲害，把醫生嚇壞了，趕緊將她送進加護病房。

仔細檢查後才發現她貧血、有心臟病和糖尿病、正在洗腎，反正就是一大堆老人病，當時心臟科醫生告訴我們：「你媽媽因為心臟老化，有嚴重衰竭的傾向，再活也只有幾個月，可能隨時會走掉，你們要有心理準備。」我回說：「我們已經準備很多年了。」醫生聽了也很無語。

那次事件讓媽媽在加護病房住了好幾天，她怎麼可能忘了這件事，於是說：「記得啊，那又怎樣？」

「妳知道嗎？五年前那位心臟科醫師就已經跟我們說，妳早就應該死掉了，要我們有心理準備，結果五年後妳還活得好好的，還能拿著助行器走個幾步路，已經很不得了了。如果妳還想像五、六十歲那樣，騎機車到處逛，那妳就太離譜了。」

我一直在給她做心理建設，希望她能調整自己的心態：「媽，妳不要想著身體要怎麼再進步，妳五年前就應該死掉了，不信的話，妳可以去問小阿姨、去問姊姊們，當初她們也都聽到醫生這麼說。所以妳現在能活著、能吃喝拉撒、能說話，已經是奇蹟了。妳會覺得活得很痛苦，是因為不肯接受現狀，一直追問著為什麼妳現在不能煮飯、不能騎車、不能走路，如果妳一直在抗拒妳的無能為力，那是永遠不會快樂的。」

其實我媽媽已經闖過很多生死關頭，有一次甚至被送到安養院，還有一次病重到我的小阿姨北上來看她，還語重心長地安慰我：「我看你媽媽這次過不了這一關，你要開始準備後事，不要太傷心了。」結果我媽媽還是被救回來，你說她是不是很了不起？是不是該珍惜眼前擁有的一切，而不是一天到晚嚷著：「我以前住在板橋的時候就不會這樣，都是搬到新店來才變成這樣的……」

我聽她這麼說，忍不住就回她：「妳住板橋時才四、五十歲，身體當然好，現在妳都幾歲了，能一樣嗎？」其實她心裡也明白時不我予，可她還是不甘心，一心想回到從前，所以動不動就會講這種話，然後怨東怨西怪這怪那，傷害別人也傷害自己。

自從我跟她講完這件事之後，她有好長一段時間不再抱怨現狀，雖然我不知道能維持多久，但或許這就是她接受事實的開始。一直把希望寄託在還沒發生的未來，當下又怎麼可能過得快樂？唯有珍惜現狀、享受當下，做想做的事，而不是苦苦等待有一天能走路、能騎車，才去做想做的事，生命才可能充實豐盛。

譬如我媽媽可以做什麼事呢？她可以請外傭推她到公園，拿著助行器走上幾步路，雙腿或許可能愈走愈好，或請兒子、女兒開車載她出去走一走，而不是成天幻想著能像從前一樣騎車到處跑。

「調整心態」不是阿Q精神、不是麻痺自我，更不是降低標準，而是停止對抗、停止眼高手低、停止不切實際的期待。「調整心態」本來就不是件容易的事，而且這件事只有自己做得到，別人是幫不上忙的，但只要做到了，人生就能海闊天空。

容許人生有各種可能性的存在

我有位個案原本在大陸工作，是一家公司的高階主管，因故退休回到台灣，後來罹患了憂鬱症，來看我的門診。我對他說：「你現在才五十多歲，每天在家閒晃也很無聊，不如再去找一份工作？」

他苦著臉說：「許醫師，我如果隨便找一份工作做，一個月薪水比我以前當總經理時，打賞給酒店小姐的小費還少，你覺得我為什麼還要去工作？」

我嘆了口氣：「你以前在大陸當總經理，也賺了不少錢，讓你在回台灣之後，經濟上沒什麼壓力，但每天無所事事，卻讓你覺得自己沒有價值感，這也是你憂鬱症的病因。現在你找份工作做，是為了每天可以去上班、跟人說話，慢慢把心打開，讓你的憂鬱症好起來。工作不是為了賺錢，而是為了重獲健康。」

「可是，我能找什麼工作？」他還是沒什麼頭緒。

「什麼工作都行，就算是發宣傳單、DM也可以啊。」

「什麼話！我堂堂一個總經理去當個發傳單的，要是讓人知道了，那我多沒面子？」

「面子能當飯吃嗎？為了發傳單、塞信箱，每天走一萬步，不但對身體有好處，還能賺錢，這不是很好嗎？」

他想了想，覺得我這麼說也有道理，就答應試著去找工作，這就是一種心態的調整，只要他繼續朝著這個方向走，總有一天一定能夠走出憂鬱。

最近我有個恐慌症患者來看我的門診，她是一家公司的會計，但她工作得很痛苦，慶幸的是她終於退休了。我問她：「退休之後有什麼打算？」

她說：「我想去考心理研究所，但我去查過，那要修好多學分，好累喔。

而且就算順利畢業，也未必能找到心理師的工作，又聽說心理師的工作也很辛苦，所以我就很猶豫要不要去唸研究所。」

於是我開始幫她調整心態：「那妳可不可以只去唸心理研究所，然後不要畢業？」

她愣了一下，不太懂我的意思，我繼續說：「妳也可以不要寫論文、不要畢業啊，就算妳畢業後，也可以不去考心理師，就算考上心理師執照，妳也可以不當心理師。妳現在不是那種剛出社會的新鮮人，而是退休人士，妳沒有經濟壓力，妳唸心理研究所不是為了將來的出路，而是為了讓自己開心，妳當然可以只挑喜歡的事做就好啊！」

她聽完以後笑說：「哎喲許醫師，可以這樣的話你早說嘛！我又不缺那張畢業證書。」

從小我們就被教育要認真讀書、考上好學校、拿到畢業證書，否則我們的書就是白讀了，因此只能一條路走到底，但其實根本不是這樣，我們還有很多選擇。

所以心態很重要，當你用不同的心態過日子，生活就會完全不一樣。你是掌握你心態的主人，可以隨時改變、調整你的心態，你要用什麼心態面對問題，沒有人可以干涉，只要你別觸犯法律，愛怎麼做就怎麼做，誰也管不著。

為什麼只能這樣，不能那樣？誰規定的？

在一次工作坊上，學員小米說：「在我過去的人生中，『離婚』是不被允許、是很丟臉的事，我一直很害怕離婚，直到有一天，許醫師問我：『為什麼不能離婚？』我才如夢初醒，對啊，為什麼不能？」

我點頭說：「是啊，有什麼不可以？」

小米接著說：「可是人很奇怪，如果沒有人點醒你，你就會一直困在那個牛角尖裡出不去，不曉得還有別的路可以走，痛苦得不得了，最後搞到自己生病，病到快死掉，還醒不過來。幸好後來我遇到許醫師，他的那句『為什麼不能離婚？』彷彿是個當頭棒喝，一下子敲醒了我，開啟我另一種思路，做出離婚的選擇，人生才重新有了光。」

我們一直受限於家庭背景、社會標準、慣性思考，很習慣的以為人生只有固定幾條路，但其實只要你敢想、敢要、敢做，人生的選擇可多了，你要容許各種可能性的存在，沒什麼大不了的，你要做的只是「調整心態」而已。

我記得我大一到大三時，成績不怎麼樣，一些被當成大補丸的通識教育課程，同學都拿高分，只有我分數很低，因為當時我陷入掙扎，一直在糾結要不要唸醫學院，後來我一路調整心態，到了大四功課才愈來愈好，好笑的是，簡單的通識教育成績很差，困難的專業科目成績卻很好。

甚至有一天，我的病理學教授跟我說：「許添盛，我發現你很聰明耶，所以你只要用功一點，病理學分數就可以拿高分了。」

結果我跟他說：「可是教授，我已經決定要走精神科了，病理學分數差一點也沒關係，只要能及格就好。」教授一聽氣得要命，恨不得當場把我做成切片標本，哈哈。

我舉這個例子也是在說明調整心態的重要，當我把心態調整在「我要走精神科」之後，就不再糾結病理學的成績，只求及格就行，整個人也變得很輕鬆，大四以後的日子都過得滿快樂的。所以只要調整了心態，即使是負面的事，也會變得很正向。

後來我當上精神科的主治醫師，但為了再修一門家醫科，我放下身段，回醫院再從家醫科的實習醫生當起，花了四年時間，拿到家醫科醫生執照，這又是一次心態的調整，卻讓我收穫滿滿。

調整心態也需要時間和過程

能夠調整心態是一件很幸運的事，但我不會說調整心態不需要過程，它並非一念之間就能完成的事，有些人甚至需要一、二十年的時間。

就拿當年我哥哥出家當和尚為例，他的決定讓我爸爸非常痛苦。哥哥是家中長子，我家為了栽培他，犧牲了兩個女兒求學的機會，甚至在中和買了房子，要讓哥哥和他的女友結婚，沒想到兩人居然同時出家，當了和尚和尼姑，把所有人都嚇傻了，可以想像我爸爸有多失望，他甚至想去買把槍，衝到中台禪寺殺了老和尚。

後來我爸爸的椎間盤突出，腰痛到幾乎走不動，當時我在馬偕醫院當實習醫師，帶著爸爸去看馬偕骨科主任的診，在前往醫院的路上，他不小心跌坐在地，我竟怎麼扶都扶不起來，可見他的情況有多嚴重了。骨科主任幫爸爸看完診後，語重心長地跟我說：「你是我們醫院的醫生，我也不瞞你了，你爸爸的椎間盤突出太嚴重了，一定要開刀。」

可我不死心，又跑去問了復健科主任，他只說：「不然我們來試試復健，看情況能不能改善，讓你爸爸不用開刀。」結果在往後的二十多年裡，我爸爸都沒有開刀，只是偶爾會腰痛一下。

但真正治好他的不是復健，而是他心態上的調整，因為我哥哥把他接到了中台禪寺，讓他在寺裡當志工，還給了他一份薪水，他花了兩三年的時間，才慢慢體會到一件事：原來兒子即使出家，也依然可以陪在他身邊孝順他。我爸爸在中台禪寺服務十年，我哥哥也照顧了他十年，才終於化解了爸爸心中的仇怨。所以你說心態調整容易嗎？不容易啊！但如果不做，就會永遠沉溺在痛苦之中，不得解放。

身體是心靈的一面鏡子，很多疾病都是人在調整心態過程中的副產品，包括心臟病、糖尿病、高血壓、癌症等疾病。心態若調整得過來，病就好了；心態若調整不過來，就只能不斷開刀化療，甚至無藥可救了。

期待別人改變是人生痛苦的來源之一

學員辰青和先生開了一家公司，她為公司投注了全部的心力，但先生卻不能跟她同心，經常放著公事不管，或遇到問題就擺爛，讓辰青獨自扛起一切重擔，活得辛苦又痛苦，她問我該怎麼辦才好。

我則舉自己為例，話說我娶我太太時，也算是別有居心。因為我太太娘家家境尚可，又是位心理師，所以我當初的私心是：「只要娶了她，哪天我有事要請假，就有個職務代理人，來幫我主持大局了。」

但自從結婚後，我就一直失望、一直失望，這是個漫長而痛苦的過程。我本想著，假設我哪天太忙沒空演講，就可以派太太代替我去演講，只是結婚十五年來，從未發生過這樣的事。

我太太也很直白，她說：「你不要以為你做得到的事，別人也做得到。也不要以為你喜歡做的事，別人也喜歡做。我要是過你這樣的日子，我一個月就死掉了。」當然，她一開始也不敢跟我講這種話，因為她知道我對她有期待。

有段時間，我太太生了重病，我才開始調整心態，告訴自己：「如果我有想做的事，就自己去做，如果做不了，那就不做。不要期待有人幫著我一起做。」人生一大半的痛苦正是來自於「有期待，結果期待落空」，但這並不是對方的錯，而是自己的問題。

調整心態的過程本來就是痛苦的，認清這一點之後，我不再對太太有期待，而是讓她做自己，她該是什麼樣子就是什麼樣子，我自然不會再感到失望。

當你對別人失望時，不要一味責怪對方，而要去思考你對他是否有過多的期待，這份期待合理嗎？你希望他做到的事，也是他想做的事嗎？如果答案是否定的，那就請你調整心態，不要將希望寄託在別人身上。

調整心態，條條大路通羅馬

有一次我從花蓮搭火車回台北，那是當天的最後一班車，結果不幸遇到地震，之前我搭同一班車到台北時，大概都是晚上十二點十五分，可以接上最後一班捷運回到新店。

但由於那天地震的湊熱鬧，火車竟以時速六十公里前進，坐在火車上的我開始調整心態，心想：「如果搭不到捷運，要怎麼辦？那就搭計程車，可是我出門幾乎不帶錢，身上沒有現金怎麼辦？那就先搭計程車，到家後再叫太太下樓來付錢。」

想好之後，我就不再糾結，安心地在火車上休息，結果那天火車到台北車站，已經十二點四十幾分，我心想不知道還有沒有捷運，要不就去看一下好了。一問之下，捷運站人員急忙說：「就是這一班，這是最後一班捷運，你趕快上去！」我一跳上捷運，身後的車門立刻關起，我就搭著這班捷運順利回到家了。所以很多時候，當我們調整好心態不再執著時，反而會迎來奇蹟。

可惜人要付諸行動容易，要調整心態卻很困難，畢竟這個社會有太多框架，將人的意識束縛在某些錯誤的信念裡，所以「調整心態」的第一步就是：容許不同可能性的存在。

一個人的言行舉止、行住坐臥都跟著他的心態走，就舉我前文提到的《沉香如屑》電視劇為例，劇中男主和女主相愛，沒想到喜歡男主的女二心存忌妒，她認為如果沒有女主的存在，男主一定會愛上自己，因而想方設法要除掉女主。

因為懷著這種心態，所以她做出了許多傷害女主的事，但到頭來男主還是沒有愛上她。這是一種對待愛情的心態，遇到同樣的情況，有些人會選擇祝福男主與女主，有些人的心態卻是：「男主不愛我，我得不到的，別人也休想得到！」非除掉女主不可，這些神仙因不同的心態，做出了不同的選擇，結出了不同的後果，因此衍生出許多狗血劇情。

但你不要以為這只是電視劇劇情，它們其實也反映著真實人生，你看有多少老公有外遇的老婆，都以為只要除掉了小三，老公就會回到自己身邊；或者發現老公出軌，就想玉石俱焚，打死都不離婚，自己得不到老公，別人也休想得到，自己不好過，別人也休想好過，最後把三個人都搞得很痛苦。但其實只要她願意改變心態，就能活出完全不一樣的人生。

記得有一年，我幫一位德國學員遠距上課，她是位帶著兩個孩子的單親媽媽，在工廠當女工，經濟情況不是很富裕。我已聽過太多類似的單親媽媽跟我哭訴，說她們的生活有多苦多難，簡直累到快活不下去。但這位學員卻跟我說：「許醫師，我從來不覺得獨自帶大兩個小孩有多辛苦，我從來不勉強我的孩子，如今他們慢慢長大了，都有自己的主見和想法，我要想的只有如何去支持他們而已。」

雖然最近她的房東想把房子賣掉，可能面臨居無定所的命運，但她卻深信他們會找到更好、更合適的房子，這真是我平生僅見心態調整得最好的單親媽媽，就連我也佩服不已。

心態決定了你的生活品質，可惜很多人都沒有意識到這件事，不知道自己的思想行為其實都為心態所控制，所以你要去覺察：究竟是你主宰了你的心態，還是你被你的心態所主宰。如果沒覺察出心態是由你決定的，那麼你一輩子就會為心態所左右，過著身不由己的人生。但你若想「解脫」，只要跳出來審視自己的心態即可。

「調整心態」是每天都要做的事，是生活不可或缺的一部分，但心態本身並無對錯，哪種心態令你快樂，你便秉持那種心態、享受那種快樂，人生本就沒有「應該」要怎樣，只有你「高興」要怎樣而已。

而如果你每天生活的心態是「我是來地球出差、旅遊、學習、考察兼玩耍的」，或「我是宇宙最高智慧的結晶、我是完美中的不完美」，就能一直處在正向的氛圍中，過著自在愉快的人生。

心態決定你的生命，也決定你的死亡

有次，身在德國遠距上課的學員艾莉說，前一天她與美國的學伴遠距陪談了六個多小時，學伴是個心理諮商師，思緒清晰、邏輯縝密、性格沉穩，總能將艾莉內心的一團亂理得一清二楚，後來在對談中她驚覺那位學伴竟然得了乳癌，卻十分老神在在，完全按照癌症治療的SOP走，該做什麼就做什麼，一點都不慌亂，這讓艾莉非常驚訝。

一開始是那位學伴主動找艾莉，因為她發現自己和艾莉在三個不同的賽斯課程中都是同學，所以想找艾莉當學伴。但艾莉覺得在這六小時的長談中，對方始終沒有卸下理性的心防，甚至學伴在談到自己的恐懼、愧疚等情緒時，都是同一個音調，描述自己的感受時，遣詞用字都十分精準，好像對這些情緒沒什麼感覺。

後來艾莉問她：「妳上了那麼多賽斯的課，又剛好回台灣，那妳有沒有去找許醫師？」結果她說：「我不敢去，因為我很怕許醫師會一針見血地指出我的問題。」她是心理諮商師，專業學識淵博，也讀了很多賽斯書，還參加了很多賽斯相關活動，可她卻連報名癌療團體的勇氣都沒有，甚至害怕跟癌友們說話。

艾莉也曾經是個癌友，所以她很能理解那位學伴的心情，但她跟學伴不同，她很願意來找我訴說她的問題，「我願意信任許醫師」、「我願意說出來，而不怕被人嘲笑」都是一種心態，正是因為這種開放的心態，讓她恢復了健康，造就了她現在的樂觀明朗。

艾莉接著說：「其實她很清楚自己的問題，但又不願踏出那一步，讓我有一種『皇帝不急，急死太監』的感覺。但隔天我上了一些課，再回頭看這件事時，突然發現她這段掙扎的過程，其實是一種寶貴的學習。等到有一天，她願意踏出那一步，參加團療、見許醫師時，人生當有另外一番風景。」

艾莉覺得那位學伴其實很需要陪伴，她是個自我要求很高、掌控欲很強的人，這也是很典型的乳癌患者心態：「我只想讓你看到我完美的那一面」、「等我進步了，我才要告訴你」，如果你跟她說她有什麼問題，她會回答你：「我以前是有這個問題，但現在沒有了。」所以很多乳癌個案都會問我：「許醫師，你覺得我這次來有沒有進步？」她們每次來看我，都會要求自己要有進步，無法接受自己不夠好。

這就是心態，你會發現讓癌友生病的是心態，讓癌友死亡也是心態。還有一位學員也分享：「我以前參加團療時，跟兩個同學很要好，我們三人還一起去過泰國玩，但現在她們都不在了。當時她們曾經說，很怕去看許醫師，因為病情都沒什麼進步。我覺得很奇怪，我們不就是因為狀況不好，才要去看許醫師，請他幫我們調整心理狀態的嗎？如果有進步，那就不用看許醫師了，不是嗎？我們又不是去跟許醫師報告病情有沒有進步的。」

這又是一種心態，如果那兩位學員勇於在狀況不好時來找我，一起研究討論，找出病情膠著的原因，或許今天能尚在人世，你看，無形中有多少心態限制了我們。

你可能從來都不曾質疑某些「心態」就是你的問題和痛苦根源，甚至不知道它們的存在，而本文的目的就是要提醒你，只要用心覺察你的某些心態，認真對待它們，修正其偏差之處，你的人生必定能有所不同。

別肖想。我要是過你這樣的日子，我一個月就死掉了。
娶了妳，我就可以派妳代替我去演講了。

第5章

回到當下，
重新創造自己的價值

我有個很奇葩的學員淑嫻，她和先生育有二女一子，大女兒純純唸大四時，有一天突然發高燒，一燒就是一個月，後來住進台大醫院，檢查了一個月，才查出原來是腎絲球病變，這還是罕見疾病，當時全台灣只有兩個病例，醫生也只能邊學邊治療。

一個花樣年華的大四女孩病到起不了身，大小便都在床上進行，不時就喘得厲害，偶爾還會發作癲癇，醫生甚至說：「如果一直這麼發作癲癇的話，就得住進加護病房了。」後來大女兒只能靠洗腎度日，那時候淑嫻每天都哭得稀哩嘩啦，天天向老天爺祈求：「拜託不要帶她走，洗腎就洗腎吧！」到今年已經是大女兒洗腎的第十年了。

淑嫻的夫家雖然有錢，但她和先生感情不睦，先生一天到晚上酒店，家裡本來還有兩個店面出租，可以坐收租金，結果先生居然把其中一個房客趕跑，把店面拿去銀行抵押，借了兩千五百萬出來花，他們家因此每個月少收一、二十萬的租金。

沒想到老公一年上酒店、唱卡拉ＯＫ，就花掉了一千萬，淑嫻覺得照老公這個花法，他們家很快就會坐吃山空。她無法阻止先生上酒家，只好跟著去，為了防止老公亂花錢，還幫他叫小姐、安排節目，沒人相信她是老婆，都以為她是老公外面的小三。

就這樣跟老公上酒家兩年多，熬了六百多個夜晚，吸了無數二手菸，吸到喉嚨又乾又痛。後來淑嫻新冠病毒確診，到醫院治療檢查，竟被診斷出一期的肺腺癌。淑嫻知道老公患有高血壓，所以暗自希望老公的大量喝酒抽菸熬夜，能讓他趕快中風，結束她的痛苦。皇天不負苦心人，有一天老公半邊的身子突然不能動了，淑嫻滿心歡喜地以為老公終於中風，沒想到送醫急救打了一針，第二天就能下床，差點把淑嫻嘔死。她老公中風後跟個沒事的人一樣痊癒，她卻得了肺腺癌，你說這是什麼人生啊？

幾年前，淑嫻的家人帶大女兒到大陸換腎，那邊所有相關檢查都做好了，純純只要再回台大醫院做一項肺部檢查就能換腎，沒想到一回台灣後，新冠疫情爆發，一時之間不能再前往大陸，換腎一事只好停擺。而小女兒萱萱的躁鬱症又剛好發作，整個人陷入瘋狂狀態，想起那段日子，淑嫻語帶哽咽：「那時候好痛苦，我真的快活不下去了！」

萱萱第一次躁鬱症發作時眼神都變了，只要抓到人就一直講話，經常一講就講到半夜三點，睡了兩個小時，五點起床又繼續找人講話，像個瘋子一樣。當時淑嫻並不知道那是躁鬱症，只能二十四小時看管女兒，就連晚上也要陪著女兒睡。淑嫻說：「有一天我半夜醒來，發現萱萱不見了，差點嚇死，她明明已經吃藥睡著，怎麼會突然不見人影？我趕緊出門找她，卻到處都找不到人，最後是在捷運站對面的摩斯漢堡找到她，她好端端地在跟人家聊天，真是讓人欲哭無淚。」

後來萱萱來看了我幾次門診，情況有了大幅的改善；但萱萱第二次發病時，卻怎麼都不肯吃藥。遇到這種狀況，通常有兩個應對的辦法，第一是打長效針，大約一個月打一針；第二是偷偷在患者的食物中滴藥，讓患者不自覺地把藥吃下去。雖然這兩種方式我都不鼓勵，但萱萱發病時會在半夜跑出家門，是一件很危險的事，因而不得不強制用藥物控制。

後來我請淑嫻到基金會上課，並鼓勵她搬出那個烏煙瘴氣的家。她很認真上課，不斷地做自我覺察，找出自己的問題，才終於有了搬出來的勇氣。本來她只想租個房子，讓自己有個喘息的空間就好，後來看到一間很滿意的房子，就想乾脆買下來，結果淑嫻的兒子願意買下那間房子給她住，讓淑嫻既驚且喜，那房子也成了她最棒的母親節禮物。

當初淑嫻帶著萱萱來看診時，我不是請患者萱萱來上課，而是請患者的媽媽淑嫻來上課，我告訴她：「只要妳的能量改變了，你們家的磁場就會跟著改變。」這點淑嫻非常認同：「真的，現在我家三個小孩都改變了，很神奇。」美中不足的是：「就只有我老公還冥頑不靈，我現在看到他就一肚子火，跟他住在一起，真有一種無形的壓力，讓我常常有種『拿刀砍了他』的衝動，現在我每天都在祈求他趕快二次中風。」做人做到家人希望他趕快二次中風，也真是夠失敗了。

在持續上課、不斷調整心態後，淑嫻已經放下很多執著，整個人輕鬆開朗了許多，很多學員看到她，都誇她氣色變好了，她說：「還好我遇到了許醫師，有他幫我調整心態，我才能爬出那個痛苦的泥淖，否則我早就掛了。現在我每個月最期待的就是來上課的日子，真的很感謝許醫師讓我重生！」

其實很多賽斯家族成員都不是我們現在看到的樣子，他們都曾經走過一段又一段崎嶇坎坷的人生路，並且在這個過程中，學會愛自己、照顧自己，才能活出現在的光鮮亮麗。就連淑嫻這麼奇葩的人生，都能被賽斯思想改變，你又何愁自己的人生改變不了呢？

「無法活在當下」是恐慌症患者的特質之一

我有一個馬來西亞的恐慌症個案阿漢，最近交了一個女朋友，有一次他帶女友去迪士尼樂園玩，為了表現出自己最好的一面，他很用心安排規劃，希望在最短的時間內，讓女友玩到最多的遊樂設施，結果一直在趕時間。後來女友對他說：「我知道你想讓我多玩些不同的遊樂設施，但你真的好急、好沒耐心，好像急著要完成什麼事，我反而沒辦法好好玩，你這樣給我好大的壓力喔！」他這才意識到自己的問題。

於是我根據這一點，開始詢問阿漢的家庭背景，試圖了解他的性格塑造過程，我問他：「你是不是從小到大都急著完成每一件事？」他想了想，發現確實如此，他的父母因為工作忙，不怎麼管他，但他非常自律，無論做什麼事，都會列出一張清單，只要完成一個步驟，就劃掉清單上列出的項目，彷彿他整個人生都只是在不斷「完成清單任務」。當我聽阿漢描述自己的童年時，發現自己跟他很像，很多時候也是不斷在「完成清單」，否則十年前我就不會得恐慌症了。

我有一個乳癌個案跟阿漢很像，她的個性也是一板一眼，例如，她假日會帶孩子去公園玩，而孩子在公園裡的休閒活動是有進度的：打球三十分鐘，休息五分鐘，拉單槓十分鐘，再休息五分鐘，盪鞦韆十分鐘，總共一小時，之後準時回家。她的人生永遠在排進度、趕進度，當她完成這些進度時，覺得非常有成就感。我聽了以後差點昏倒，人生過成這樣，跟機器人有什麼兩樣？

我相信很多人小時候都會被爸媽催促：「趕快把飯吃完。」「趕快把功課寫完。」「趕快去洗澡睡覺。」而這些「趕快」會逐漸內化成一個人的性格。

小時候我爸媽雖然不會趕著我去做什麼事，但我卻會要求自己趕快完成一件事，以便開始做下一件事。不知道我這性子是不是遺傳來的，因為我爸爸就是個超級沒耐心的人，舉例來說，有一次他預約掛號看醫生，掛的號碼大約要十一點才看得到診，但他早上七點就打電話給我姊姊：「我們要早一點去報到，如果有人晚到的話，我們就可以插號，趕快看完醫生了。」我姊姊問他：「你晚點是不是有什麼事？」我爸爸回說：「沒有，但我們就是要趕快把這件事辦一辦啊。」

我發現我爸爸這一世就是來地球辦事的，然後很快地辦完事就走了，他連死亡都很急，一個心肌梗塞就走了。他總是說：「趕快把事情做完，之後就可以想幹嘛就幹嘛。」但他永遠都在不停地趕場。這也是恐慌症患者的特質之一，總有莫名的著急與慌亂，使得他無法活在當下。於是當他有一天沒事可做、沒進度要趕，只是安安靜靜地喝一杯咖啡時，他都會有罪惡感、都會感到惶恐不安。

什麼是「活在當下」？

你看過《深夜在加油站遇見蘇格拉底》這部電影嗎？它改編自前美國體操選手丹．米爾曼創作的半自傳體小說，二〇〇六年上映，內容講述一個少年得志、奪牌無數的大學體操運動員丹，某天深夜在加油站遇到了一個老人，他們交談過幾句話後，丹戲稱老人為「蘇格拉底」。

丹的際遇一直相當順遂，但他獲得的榮譽和光環卻無法讓他感到寧靜或滿足，後來丹經常和老人聊天，逐漸從老人身上獲得許多人生智慧，學會如何安住當下，去體會每個人生事件的過程，開始清醒地過著單純快樂的生活。

我之所以推薦這部電影，是因為我發現這世上有太多活著只是在追求成功、追求結果，而忽略了過程的人，他們的人生往往匆忙而空虛，最終如果成功也就罷了，但若結果不盡如人意，那就真的是竹籃打水一場空，什麼收穫也沒有。

如果你想像丹．米爾曼一樣，擁有內心的寧靜與滿足，就要學會活在當下。「活在當下」本是禪宗用語，說的是一個人若想體會禪的境界，就要先學會如何暫停腦中永不止竭的思緒，而其中一種修習方法，就是試著將馳騁於外的心念收攏回來，專注於當下所做之事。

活在當下可以很難，也可以很容易，只要經常告訴自己：「我沒有想要趕快把事情做完」、「我沒有要趕進度」、「我沒有要去哪裡，我就只在這裡」、「我希望宇宙就停在這一刻，我甚至沒有期待要活到下一刻」，然後不斷練習，讓自己逐漸放鬆下來，同時也慢慢放掉內心的煩躁、擔憂、焦慮和恐懼。

這跟禪宗說的「入定」很像，「入定」是指：當一個人的想法、妄念全都停止不動，心念集中在一點上，沒有任何思想，即為「入定」。人在入定時，會感覺很輕鬆，沒有任何干擾，身體和心理皆無負擔，非常自在安定，這樣的境界就叫做「定境」，也就是賽斯說的「心理時間」，沒有過去、沒有未來，沒有昨天、沒有明天，只有現在，這就是活在當下的感覺。

《金剛經》說過「應無所住而生其心」，「住」是執著的意思，「無所住」就是「不在乎」，不在一個念頭或任何現象上產生執著。當一個人不為任何目的行事時，他就能享受做這件事的過程。所以想學會活在當下，可以從「漫無目的地做事」開始練習，例如你可以沒有任何目的地找人吃飯聊天，當你沒有任何理性上的目的時，就只能依賴你的感覺，然後藉由感覺回到自我。

就像我當年剛接觸賽斯思想，就拚命研讀賽斯書，但我的拚命並沒有任何目的，那時我還沒想到要推廣賽斯思想、也不是為了治療癌症病人、不是為了開工作坊、不是為了成立基金會，就只是喜歡讀賽斯說的話，所以我讀得很快樂，很享受閱讀的過程，總有滿滿的收穫。

專注就是一種活在當下

學員辰青是一個非常認真的女性，由於做事太講求效率，個性因此很急躁，跟她那位慢郎中老公正好相反，她說：「我老公不管做什麼事都拖拖拉拉，每次都要催他老半天，他才肯動一下，後來我受不了，乾脆自己做比較快，久而久之，不管是家事還是公司裡的事，變成我一手包辦，他根本就不管了。」

而且辰青幾乎靜不下來，經常要同時做好幾件事，例如接電話的時候，剛好看到地上髒了，就一邊掃地，一邊用肩膀夾著手機講電話，往往不小心讓手機掉到地上，惹得老公唸她：「妳能不能好好聽個電話？為什麼一次要做那麼多事？妳不累嗎？」

但辰青認為：「既然可以同時做很多事，為什麼要只做一件事？」所以辰青老是覺得時間不夠用，她永遠都在追求效率，做事也永遠有目的，當她看到身邊的人做事目的性不夠強烈、時間應用得不夠緊湊時，就會覺得很焦慮，甚至看不起這種做事方式。

我忍不住問她：「妳把自己活得這麼緊湊，有比較快樂嗎？妳的時間有因為同時完成多件事而變多嗎？妳的心安定嗎？還是愈來愈慌亂？」辰青想了想說：「對耶，我的確常常覺得亂，家裡亂、公司也亂，好像什麼事都不夠條理分明，但又不知道從何整理起，現在聽許醫師一分析，才發現亂的是我的心。」

辰青的例子也帶出了「活在當下」的另一個重點，那就是「專注」，如果你工作的時候專注工作、玩樂的時候專注玩樂、吃飯的時候專注吃飯、走路的時候專注走路等等，那麼每一刻都會過得很充實。但如果你工作的時候想著玩樂，那就會工作得很吃力、效率也不高；如果你吃飯的時候想著工作，那飯菜也會變得不香，讓你食之無味，你會一直錯失每件事該有的興味。

你聽過「慢慢來，比較快」這句話嗎？愛因斯坦的《相對論》曾說：速度愈快，時間愈慢，當速度到達光速時，時間就停下來了。所以當你慢慢來時，效率反而更高。舉例來說，很多人做事喜歡動作迅速、一次到位，結果做完後發現做得不精確，必須重複修正好幾次，才能達到滿意的程度，反而浪費了更多的時間。

我相信辰青如果能慢下腳步，專注在她做的每件事上，她就會發現時間變多了，生活開始有了餘裕，或許有一天，她跟老公的生活節奏能夠一致，夫妻關係一定會有所改善。

我希望每個人都能將掛在別人身上的心——無論是掛在老公（老婆）、小孩、工作、房貸或待辦事項等等，統統都收回來，把這些因他人而生的煩惱扔到九霄雲外，只專注你所在的這一刻，才可能活出想要的人生。

賽斯心法打開老公的心，一圓多年買房夢

學員小麗患有妥瑞氏症，此症不是精神疾病，而是一種神經發展性疾病，好發年齡大概在五到八歲，症狀是慢性反覆出現半不自主的動作和聲語上的抽動，例如眨眼睛、眼睛快速轉動、擤鼻子、嘴角抽動、擠眉弄眼、聳肩膀、點頭、搖頭、臉部表情扭曲、身體大動作的扭動或做出淫穢的動作；發聲型抽動包括清喉嚨、輕咳、大叫、重複自己或別人的話語。

但患者熟睡或專注時，抽動症狀會減少或完全消失。有三到四成的患者成長到青年時，抽動的行為會自動消失，有三成會顯著減少，其他的三分之一到成年後仍有抽動症狀，可以想像這些行為會造成患者多大的困擾。但還是有很

多妥瑞氏症患者是音樂家、指揮家，甚至是優秀的外科醫生，即使開刀開到一半就抽動個幾下，依然能成功完成手術。

而小麗很特別，她是成年後才得到妥瑞氏症，雖然抽動動作造成她生活上極大的不便，也讓她走過很多痛苦不堪的人生歷程，但學習賽斯思想多年的她，已經能樂觀看待此事：「說起來妥瑞氏症也幫我避掉了很多麻煩，譬如替我擋掉很多爛桃花，而且我發現自己神經傳導速度快，讓我創造實相的速度也很快呢！哈哈！」

有一天上課時，她很開心地舉手發言：「許醫師，我是來跟你報告好消息的，我終於買房子了！」小麗和她先生是公司的高階主管，收入其實都不錯，但在台北生活多年，卻一直租屋而住，小麗想買房子已經想了十幾年，不是買不起，而是被老公阻擋，因為老公生性保守，一直在等房價下跌才肯買，卻因此錯過許多買房的好時機。

小麗說：「五一勞動節那天，我弟弟來我家幫我換淨水器的濾心時，說他買了房子，邀請我去看他的新家，就是靠近機場捷運站的林口 A7，最近炒得很厲害。後來我跟弟弟去看房子，還找了仲介一起，結果第二個禮拜我老公突然也跑去看那區的房子，而且對買房子的事比我還積極。」小麗認為這肯定是她學習賽斯心法造成的效果。

小麗最早是因為女兒沒考上大學，來看我的門診，後來女兒第二年順利考上大學，接著來看診時，又抱怨老公不肯買房子。當時我建議她帶老公來上課，沒多久她真的硬把老公拉到課堂上了，她說：「我老公剛來上許醫師的成功學時，氣色真的只有『不忍卒睹』四個字可以形容。但上完課之後，我覺得他的心有被打開，現在整個人都精神奕奕的，氣色變得超好。我跟他說，許醫師認為我們絕對買得起房子，但我們必須勇敢一點。我先生本來只考慮買二手屋，不知道是不是聽了許醫師的話，現在居然願意買新屋了，改變真的好大喔！記得當天我們簽約時，房價是一坪四十萬出頭，結果晚上回到家，聽我弟弟說，房價居然已經漲到一坪五十萬了，我們真的很幸運，拿到了一個很漂亮的價格。」

小麗覺得自從開始學習賽斯心法後，每一次來上我的課，都能察覺到自己有進步，即使處於負面狀態中，也依然持續在前進，這次他們夫妻買房就是一次心靈的大躍進，終於有一個安身立足之地，心裡總算踏實了，不再有漂泊無根之感。小麗認為自己可以進步得這麼快，是勤於練習應用「心理時間」及不斷調整「感覺基調」，她說：「我練習進入心理時間時，就只是坐在那邊，真的沒有在幹嘛，而且什麼都不想，看起來好像沒什麼，但其實這樣的練習非常重要。」

小麗還說了一件神奇的事，在看房子之前，同學們都建議她先觀想一下房子的模樣，但她完全沒概念，根本不知道從何觀想起，直到看房子的前一天晚上，小麗做了一個夢，夢見自己看到某間房子的一個邊角，她無法分辨它的顏色。結果第二天去看房子時，竟發現二樓露台欄干有一個角落，就跟她夢到的景緻一模一樣。

其實這並不神奇，只要賽斯心法學久了，你的神通力就會莫名其妙地自己發展。但我要強調學習賽斯心法，並不是為了擁有「神通」，「神通」只是證明了我們確實可以跟內我連結。

外面沒有別人，只有你自己

在電視劇《一路朝陽》裡，有位女律師說：「任何時候我們都要先照顧好自己，我們必須愛自己愛到百分之一百，這樣走進我們生活裡的每一個人，才會效仿我們愛自己的方式來對待我們。」可惜這世上不懂得愛自己的人實在太多了，而這也是恐慌症患者的特質之一。

我有一個大陸的恐慌症個案志鈞，他說他一直不懂，過去跟他程度差不多的人，都已經功成名就了，為什麼只有他還在原地踏步？為此他內心十分惶恐。最近他想賣房籌錢創業，以前兩個禮拜就能把房子賣出去，但這次房子賣了半年都還賣不出去，讓他很著急慌亂，感覺自己的恐慌症隱隱要發作。

志鈞認為自己的恐慌症跟童年經歷有關，志鈞的媽媽在他五歲時過世了，後來爸爸又交了女朋友，對他不管不顧，奶奶也沒好好照顧他，無論是爸爸、爸爸的女友或奶奶都不曾善待他，使得他小小年紀就必須學著去討好別人，永遠要透過優異的表現，獲得別人的肯定，他深信自己若沒符合別人的期待，別人就不會愛他，這個想法經常使他感到不安。

志鈞會這麼想，表示他覺得自己不夠好，而且懷疑自己若不夠好，別人就不會愛他，所以才會不斷討好別人，好讓自己有安全感。而且為了讓自己更完美，他會不斷批判自己、鞭策自己、逼迫自己，所以過得很累、很辛苦。

聽完志鈞的描述，我對他說：「你有沒有覺得，你對待自己的方式，就是小時候大人對待你的方式？是你教會他們怎麼對待你的。」別人對待你的方式，就反映出你對待自己的方式。如果你覺得別人都不愛你、不關心你，那麼其實是你不愛自己、不關心自己。

志鈞認為：「我覺得是小時候大人都這樣對我，我的遭遇內化成為我的一部分，所以長大後，我才學會這樣對待自己。」我不以為然：「錯！你認為從小到大沒有人愛你，所以你學不會愛自己，但其實正好相反，是因為你今天不愛自己，你將這份『不愛』投射了出去，創造出『從小到大你都不被愛』的實相。賽斯說『當下是威力之點』，只要你現在開始愛自己，就能將你的『愛自己』投射到過去和未來，讓童年時的你成為一個人見人愛的小孩，重新創造你的過去。」

志鈞似懂非懂，深思良久後說：「許醫師，聽你這麼說，我發現我好像一直沒有放過我自己。」我想志鈞算是聽懂我的話了。

親愛的，外面沒有別人，只有你自己，別人都是以你看待自己的方式在看待你，所有人事物都是你內在的投射。所以你是你人生大戲的導演，你完全可以創造出自己的實相，如果你今天能學會愛自己，那麼你過去所有的苦難，都可以被化解和改變，你就是自己的菩薩、自己的佛，你完全可以拯救過去受苦受難的自己，創造一個全新美好的自己。

別人都說，我是很厲害的「時間管理達人」！
好棒哦，但是你把自己活得這麼緊湊，有比較快樂嗎？

第6章

用創造實相，消除人生憂慮

在賽斯書《個人與群體事件的本質》裡，有一則很有名的小故事，叫做〈四條街外的惡犬〉，故事是說：有一個人每天在家門口玩耍，但他一直擔心著一件事，那就是離他家四條街外，住著一隻惡犬，他總想著那隻惡犬會不會跑來咬自己。因為太過擔心，以至於他在玩的時候，總是戰戰兢兢、心不在焉，雖然眼前並沒有發生什麼危險，他卻一直活在被四條街外的惡犬咬傷的恐懼中。

故事中提到的街，並不是台灣的街道，而是美國的街道，那要比台灣街道大得多，所以四條街是很遠的距離，主人公被那隻惡犬咬傷的機率非常低，甚至是不可能，可他卻煩惱得要命，是不是很可笑？然而對不在眼前、不在當下的事起煩惱心的人可多了，搞不好你也是其中之一呢！

我們對未來的憂慮經常是多餘的

劉明是個公務員，今年四十多歲，沒有結婚，去年被診斷出患有肺腺癌。

他的母親今年二月過世後，他便賣掉了自己的房子，後來又急著再買一間房子。不久前，他如願地在台北市買到一間屋齡四十多年、位在三樓、沒有電梯的老公寓。

很多有老人的家庭都不喜歡買沒有電梯的房子，因為老人家多半腿腳不好，沒辦法爬樓梯。劉明也想到了這個問題，他開始感到焦慮，便問我：「許醫師，萬一我老了爬不動樓梯，怎麼辦？」我跟他說：「既然你買了三樓沒電梯的老公寓，就不會創造出『老年需要電梯』的實相。」

這句話可由以下角度解釋：第一，劉明根本無法活到老年，沒有用到電梯的一天，畢竟誰也無法保證自己一定能活到老。第二，劉明老了以後，依然有辦法每天上下三層樓梯。別以為不可能，台灣就有位一〇二歲的人瑞，名叫趙慕鶴，住在高雄沒有電梯的四樓老公寓，他九十三歲時，還能騎腳踏車到醫院當義工，服務病患貢獻社會，九十四歲報考研究所，研究所兩年來全勤且從未遲到，九十八歲拿到南華大學生命教育研究所碩士學位，九十九歲學英文與電腦，每天從居住的四樓上上下下好幾趟，什麼事也沒有。第三，有一天老公寓的住戶合資建造戶外電梯，讓劉明有電梯可搭。第四，房子的屋齡已有四十多年，搞不好再過十年會遇到都更，劉明的房子被改建成有電梯的大樓。以上任何一種情況發生，都能解決劉明的問題，所以他根本不需要擔心自己老了沒辦法爬樓梯。

有個媽媽來看我的門診很多年，他們家住在桃園龍潭，夫家經營收費的魚塘，供遊客付費釣魚，後來土地被政府徵收，拿到五億的土地補償金，所以家境還不錯。她有四個小孩，大女兒碩士畢業，人長得很漂亮，卻在二十五歲時，因為感情上的挫折而得了思覺失調症（舊稱精神分裂症），狀況最嚴重的時候，褲子一拉就在家裡的客廳大小便，出門還會拿石頭丟人，後來媽媽不得不把女兒關在家裡，不讓她出門。

但我每次開藥給女兒，媽媽都不讓女兒吃藥，因為她認為藥物會有副作用。後來女兒的病情愈來愈嚴重，由於不刷牙，牙齒都爛光了，冬天寒流來時，她赤腳在磁磚地板上走來走去，兩隻腳都凍成了紫色。

我苦口婆心地勸媽媽要讓女兒吃藥：「我開副作用最低的藥，妳每天讓女兒吃半顆，這樣好不好？」這回媽媽終於答應了，回家後把藥磨成粉，放在給女兒喝的湯和果汁裡，吃了幾個月的藥之後，女兒已經會自己到廁所大小便，而且開始化妝，並養了一隻貴賓犬，還會幫牠清理大小便。媽媽並帶女兒去看牙醫，把一口爛牙整頓了一番。

女兒發病二十年，到現在已經四十五歲了。這位慢性精神病患沒有結婚、沒有小孩，因為外出會攻擊別人，所以長期被媽媽關在家裡，幾乎沒有任何社會經驗。於是六十七歲的媽媽開始焦慮了，擔心自己有一天往生的話，女兒該怎麼辦？老公不靠譜，平時就不怎麼關心女兒，其他三個小孩則有各自的家庭、孩子和生活，無法照顧這個生病的大姊，難道女兒最後只能在慢性精神病院住一輩子嗎？

聽完這個媽媽的擔憂後，我對她說：「根據統計，思覺失調症患者比一般人的壽命少十到二十五年，妳只比女兒大二十二歲，妳死的時候，女兒可能剛好也死了，甚至可能比妳早死，或者在妳死後沒多久也死了。如果她真的活得比妳久，妳也可以承諾其他三個小孩，願意照顧大姊的人，妳會多給他兩千萬。妳可以創造以上任何一種實相，都可以解決妳的問題，所以妳根本不用擔心死後誰來照顧她，那都是多餘的自尋煩惱。」人只要把心靈創造實相的能力考慮進來，所有的憂慮、擔心、恐懼就統統不存在了。

你可聽過一本書名《你所擔心的事，九〇％都不會發生》？換句話說，一個人可能九〇％的心力都在擔心不會發生的事，你不妨仔細回想，你曾經擔心過的事，有多少件後來成真了。人之所以會感到焦慮，是因為落入了慣性思考，會落入慣性思考是因為沒有心靈和內我的觀念。

又比如現代很多夫妻都沒有小孩，這類夫妻很容易產生一種「老了以後無人奉養」的焦慮，但如果你去問問那些有小孩的夫妻：「你覺得你老了以後，你的小孩一定會養你嗎？」很多人會回答「一定不會」或「我不期待」。

就像有回我在課堂上問一位離婚、帶著女兒的單親媽媽：「妳女兒有沒有說過，她長大以後一定會養妳？」那位媽媽回答：「有。」「妳期待嗎？」「滿期待的。」「那麼妳認為以現在的社會情況和氛圍來說，妳女兒將來一定會養妳嗎？」她有些哭笑不得地說：「不會。」即使有小孩的夫妻，都不敢期待將來小孩會養他們，何況是那些沒小孩的夫妻，對年老的生活就更感到憂慮了。

我有位馬來西亞華人個案，他們夫妻沒有小孩，擔心自己將來老了沒人照顧，將來祖先無人祭拜，於是認養了兩個兒子。沒想到孩子長大以後，搞出了一大堆問題，讓他們疲於奔命地收拾爛攤子，你說是不是自找麻煩？而且老大愈大長得愈像馬來人，而不像華人，還經常問爸媽：「我真的是你們生的嗎？」辛苦認養小孩，而將來奉養他們的機率又有多少呢？

父母未必需要小孩照顧他們

惠玲有四個兄弟姊妹，但她爸爸不要小孩照顧他。爸爸今年八十四歲，還能開車出門，他住在沒電梯的三樓公寓，車子則停在地下二樓，也就是說，開車外出來回要上下十層樓，直到五年前才搬到電梯大樓住。

已經跟媽媽分居的爸爸交了N個女朋友，現在跟爸爸住在一起的阿姨，是爸爸比較固定的女友。你看看！八十幾歲的老先生還能找到女友照顧他，是不是很厲害？沒想到惠玲聽了以後糾正我：「不是阿姨照顧爸爸，是他們彼此照顧，我爸爸也會照顧阿姨。」

我問惠玲：「妳媽媽呢？她還在嗎？」惠玲說：「今年才走的。」「那麼之前你們誰照顧她？」「我媽媽也不要人家照顧，她喜歡自己一個人住，每天都出去爬山、跳舞、打麻將什麼的，行程排得很滿，我想跟她吃個飯，都要先打電話預約。」

媽媽的個性很阿莎力，就連死亡都很乾脆，那天她打麻將打到一半，覺得頭很不舒服，就打電話給惠玲的哥哥，哥哥到了現場，覺得媽媽很不對勁，立刻叫救護車送媽媽去醫院，到了醫院一檢查，才得知媽媽是中風，到院沒多久就過世了，幾乎沒受什麼苦，享年八十四歲，沒有癱瘓在床、沒有不良於行、沒有要看護和印傭照顧、沒有花什麼錢、沒有麻煩任何人。

我又問惠玲：「你們兄弟姊妹要每個月拿錢給爸爸嗎？」「都不用，他不要我們的錢，他覺得自己有能力賺錢，不需要用孩子的。」想當然耳，惠玲也不指望她的小孩將來照顧她、拿錢給她花，她很篤定地說：「我從來都不這麼想，我也不會活成那個樣子。」

看了惠玲爸媽的例子，擔心自己老了以後沒人照顧的讀者，是不是可以放心了？你們也可能跟惠玲的爸媽一樣，老了以後健康富有，生活充實愉快，根本不需要小孩照顧。

如果你擔心自己老了沒人照顧，就是在投射負面想法，但那只是「自我」的想法，不等於未來會發生的事實。而自我會這麼想，是因為它不了解心靈創造實相的能力，不知道所有的擔心和憂慮都只是「妄念」。

我和我太太也沒有小孩，但我們就不曾有任何「妄念」，因為有許多種可能：第一，我們兩個未必會活到老，也許哪一天一起搭飛機出國，飛機不小心掉下來，我倆就駕鶴西歸了。第二，我們可以活到老，老了以後彼此照顧，或者我去請幫傭阿姨，來照顧我們夫妻。第三，等我們老了，有AI家用機器人幫我們洗衣、煮飯、打掃，跟我們聊天、下棋、玩遊戲，伺候得不好，還能罵它幾句，不爽了還能把它賣掉，再換一個新的，但你能把不喜歡的小孩賣了，換個喜歡的回來嗎？第四，我們夫妻也可以住到賽斯村，那裡會有工作人員照顧我們。人的未來有太多可能性了，完全不需要擔心自己會孤獨終老。

如果你是沒有伴侶的單身人士，或沒有小孩的父母，你將來自然會創造出「不需要小孩照顧」的實相。

沒有保醫療險，就不會用到醫療險

很多人擔心老來生病沒錢看病，所以保了很多醫療險，但他們不知道，如果沒有保很多醫療險，就不會創造「將來需要很多醫療費用」的實相。一天到晚擔心老了沒人照顧，懷著憂慮恐懼拚命保一大堆醫療險、癌症險、長照險、住院安寧照顧險，就可能創造出會用到這些保險的實相，畢竟賽斯曾說過，很多人都是在保了意外險之後才出了意外。

大家都知道，台灣醫院的健保病房不用錢，如果想住好一點的病房，就要另外補貼，雙人房一天要補貼兩千五到三千塊，單人房一天要補貼五千到六千塊，除非你是有錢人，否則沒保醫療險的你，生病住院時，想住好一點的病房都很難。

但我爸爸一輩子沒有買任何保險，也沒怎麼樣，因為他走得很快，倒地沒多久之後就往生了，一天病房也沒住到。而且我爸爸從到院開始急救、急救無效到宣布死亡，只花了八百多塊醫療費，如果他像一般人那樣保了一大堆醫療險，豈不是虧大了？

更好笑的是，幫我爸爸辦喪事時，請和尚念經超渡也不用錢，因為我哥哥就是和尚，幫自己的爸爸念經超渡不收錢，而且和尚買骨灰罈還可以打八折，喪葬費和塔位費用也有打折，真的省好大喔！

我媽媽也沒有保醫療險，她這幾年來一身病痛，花了很多錢，但她就是有本事創造出一個肯為她花錢的兒子，完全用不到醫療險。但我必須說，我媽媽是因為有我這麼一個兒子，才會創造出「生病要花很多錢」的實相。如果今天她的兒子是個公務員，一個月薪水只有五、六萬，那她就不會創造出這樣的實相，因為實相會隨著你的需求和意念而產生變化，完美地幫你解決問題。

懂得創造實相，就不怕老來窮苦無依

許多報章雜誌都曾經計算過，在台北一個人得存多少退休金，才能安心過活？以前只要一千多萬，如今聽說要三千多萬了，但請問現在有多少人戶頭裡有三千萬退休金的？恐怕屈指可數吧。此事的確令人擔憂，但我要告訴各位，你所有的焦慮都是假的，根本就沒有存在的必要。

舉例來說，我有位個案，二十多年來為椎間盤突出所苦，使得他幾乎沒有穩定的工作和收入，也因此得了憂鬱症。後來有一天，他來看診時說：「許醫師，我的憂鬱症和椎間盤突出完全好了。」我非常驚訝：「真的嗎？你是怎麼辦到的？」他說：「因為我得了大腸癌。」我更驚訝了：「為什麼得了大腸癌，憂鬱症和椎間盤突出就好了？」他說：「許醫師，我老實跟你說，我得了椎間盤突出和憂鬱症之後，一直擔心錢存得不夠，老了不夠花怎麼辦，但自從我知道自己有大腸癌後，就不再擔心這件事，所以憂鬱症和椎間盤突出全好了。我現在煩惱的是：我在死之前錢花不完怎麼辦。」

你會不會覺得個案二十多年來得的椎間盤突出很冤枉？老了以後錢不夠花也全都白擔心了？所以做人真的不要想太多，老是為難自己，只要你有創造實相的能力，就能抵擋人生所有的風風雨雨。

你看過美國電影《一路玩到掛》嗎？內容講述百萬富翁艾德華．科爾和黑手技工卡特．錢伯斯兩個末期癌症病人，在同一個安寧病房相識，他們各自講述自己的人生，卡特想起自己從未完成的人生清單，艾德華一聽就來了興趣，建議兩個人在剩餘的人生裡，照著清單一起玩個痛快。

但卡特拒絕了，艾德華問他為什麼，卡特說他沒錢，艾德華回說：「你沒錢我有錢啊！錢我來出，你只要陪我玩就行了！」結果一生窮困的卡特，臨死前竟從印度泰姬瑪哈陵到東非坦尚尼亞大草原塞倫蓋提，從最高級的餐廳到最低層的刺青店，從超炫的古董跑車到刺激的螺旋槳飛機，全都玩了個遍。所以有一天你老了沒錢，也可以創造「遇到一個有錢沒處花的老人，他出錢，你陪他吃喝玩樂」的實相。

不要以為不可能，只要你夠有想像力，心靈就能為你創造出任何實相。世

上只有想像不到的事情，沒有發生不了的實相，所以你一定要打開自我的邊界，容許心靈沒有限制地創造實相。

有一次，我接了一位廈門個案，我問他：「你怎麼會認識我？」他說：「我老家有一個朋友是許醫師你的學生。他知道我有一些問題，叫我來看許醫師，還幫我付了診療費。」一個需要看身心科醫師、卻因為經濟上有困難無法如願的人，也可以創造「有朋友幫我找醫生，又幫我付診療費」的實相，解決了他所有的問題。所以有創造實相能力的人，根本不必有任何擔憂。

那些對未來心懷憂懼的人，其自我一直在向外投射恐懼，因為自我不知道它所擔心害怕的，心靈會幫它解決，它所欠缺需要的，心靈也會滿足它。所以如果你是保了高額保險的人，那我希望你永遠不必申請理賠，把錢留給需要的人，但如果你覺得繳了那麼多保費，無法拿到理賠金很可惜，那就得付出生病住院的代價，才能把錢賺回來，但是你願意嗎？如果你真的想把保費賺回來，也得創造這樣的實相喔。

「心靈」的神奇，總是超乎你的想像

能夠創造實相的「心靈」，就是我們的潛意識，也是我們內在的愛、智慧、慈悲、創造力、喜悅與神通。

心靈真的非常神奇，就拿我爸爸來說好了，他過世之前，被送到醫院急救，當時我和我太太都覺得，只要量個血壓檢查一下，再打個點滴，爸爸就可以跟我們回家了，哪曉得竟然從此天人永隔，他的死亡對我來說就像做夢一樣，一點都不真實，因為我在意識層面上從不認為他會離開。後來想想，我在心靈層面早就知道他即將離去了。

怎麼說呢？我爸爸很愛釣魚，我小時候跟爸爸去釣過幾次，後來就沒再去了。可就在他過世前一、兩年，我突然對釣魚有了興趣，開始陪爸爸去釣魚，還請他教我綁魚鉤；我學會之後，爸爸還說了一句話：「爸爸會的都教給你囉！」還把他的釣具全都送給我。

你知道當時我有多瘋狂嗎？釣魚用的魚餌蚯蚓，我不是用買的，而是自己養的，為了釣魚，我在車庫裡養了兩大箱蚯蚓，好讓自己隨時想釣魚都有蚯蚓可用。經常新店溪八點多下課，我又帶著釣具魚簍出門，釣到半夜兩點多才回家。夏天天氣熱，我早上五點多就起床去釣魚，釣到早上九點、天熱起來才回家。甚至遇到颱風天，新店溪如滾滾長江水洶湧而來，我不畏風吹雨打，一個人在溪邊釣魚，簡直跟瘋魔了一樣。

然而對釣魚如此癡迷的我，卻從爸爸過世到現在，十年來不曾再釣過魚，甚至連一次釣魚的念頭或衝動都沒有，我買的全新釣具一次也沒用過，彷彿在爸爸去世的那一天，附在我身上的釣魚魔也離開了。

除了釣魚，我還帶爸爸上健身房、住賽斯村，跟他去泡裸湯溫泉，事後回想起來，才知道這些都是心靈的安排，它知道爸爸在地球上的時間不多了，於是讓我產生想跟爸爸去釣魚、想陪爸爸做很多事的衝動，好在爸爸離去前，和他有更多相處的時光。

有一回，我陪爸爸去新店溪釣魚，結果我的恐慌症竟然發作，我立刻打電話叫救護車。我們父子倆上車後，救護人員還問我：「是誰需要救護車？」我訕訕地回說：「是我。」我跟救護人員還因此吵架，他質問我：「你身為醫生還濫用醫療資源，亂叫什麼救護車？」我立刻吼回去：「恐慌發作不能叫救護車嗎？誰規定的？有種你說啊！」我之所以突然恐慌症發作，想必是我的心靈感應到爸爸即將離世，用這種方式在向我預告未來。

心靈還透過各種方式讓我跟爸爸告別，我十七歲就有「陣發性心室上心搏過速」這個遺傳性心臟病，發作時心跳每分鐘在二二〇次以上，我也因為此疾不用當兵，但沒有一個家人知道這件事；這幾年在賽斯心法的幫助下，我沒做過任何相關的治療，就完全康復了。

但爸爸過世一個月前，我因為心律不整，心臟狂跳且量不到血壓被送醫急救，到了慈濟醫院急診室後，立刻被推進家屬都不能跟進的急救室，打了一劑急救針，心跳速度才慢慢降下來。而那間急救室正是一個月後，我爸爸暈倒被送醫，結果急救無效的同一間。原來我已經提前幫爸爸去看過場地了，還親自體驗被急救的過程，而那次之後，我再也不曾發作過心律不整。

這些事讓我覺得：我被「心靈」附身了、我被「心靈」滲透了。心靈隨時隨地都在作用著，只是我們的意識不知道而已。所以我很慶幸自己是一個跟隨內心衝動的人，在那一兩年裡，我幾乎走過了爸爸的一生。

還有一件事也很神奇，我爸爸是個講求效率的人，平時做飯不喜歡炒多道菜，而是把不同的菜炒成一道，做事絕不囉嗦。他不僅死亡過程很快，連往生的日子都挑得很剛好。每年大年初五，爸爸都會請姑姑們回娘家吃飯，他過世的那天是大年初四，隔天姑姑們剛好回來，吃過午飯後就在我爸爸靈前上香，然後各自回家，根本就不用另外再召集她們，完全是爸爸做事的風格。

心靈也是人內在的神佛，它有預知的能力，知道你未來的命運，但你的意識和頭腦不知道，當你遇到人生困境時，心靈便會循聲救苦，下達解決問題的方法給你的中樞神經，讓你產生去做某事的衝動，進而解決你的困境。所以我經常鼓勵人們，只要不是殺人放火、做違法或傷害他人的事，就請跟隨自己內心的衝動，因為那往往是心靈給出的指示，要幫你創造你需要的實相，只要依照指示行事，問題便能迎刃而解。

雖然我們總是想方設法要打開自己的心靈，但其實心靈也在想盡辦法幫助我們，給我們溫暖與恩寵；它全心全意地愛著我們，就像父母對子女的愛，當他們看到孩子遇到困難，必會盡力幫助孩子，即使孩子拒絕接受幫助，父母也不會放棄，這種無怨無尤疼愛孩子的父母心，正是心靈的特質之一。

萬一我們老了，沒有人照顧我們怎麼辦？
現在很流行AI機器人啊！要不然住賽斯村也可以。

第7章

如何得到真正的自由？

本章一開始先跟大家聊一個小常識：「人的靈魂有多重？」會分享這個小常識，是因為有位個案跟我說：「許醫師，我真的相信靈魂永生了。」而他平常滿鐵齒的，並不相信「靈魂說」。我問他：「為什麼突然這麼認為？」他才說起幾個月前，他媽媽在他懷裡斷氣了。

媽媽一開始是呼吸急促，臉上出現驚恐的表情，接著瞪大眼睛，雙手緊緊抓住了他，直到斷氣那一刻，媽媽鬆開手後，整個人軟癱下來，他感覺到媽媽的靈魂瞬間從身體抽離，這才體會到原來賽斯心法和許醫師說的都是真的，從此深信人是有靈魂的。

我也相信人有靈魂。我在三、四十年前看過一份科學研究報告，聲稱人的靈魂約有四分之三盎司重，大概等於二十一公克，也就是說，人在靈魂出體之前和之後，或死亡前和死亡後，體重相差二十一公克。後來此說法因電影或小說的宣傳而聲名大噪，也有新的科學研究結果說是三十五克。無論如何，這些研究都是在證明靈魂存在的可能性。

是風動、幡動還是心動？

有一天，我的門診來了一位六十四歲的個案，由於他在工作上出了一些狀況，開始擔心自己的收入，加上他母親的身體也有問題，可能需要大筆醫藥費，到時候沒錢怎麼辦？他因此感到憂鬱和焦慮。我跟他說：「像最近那位有名的女歌手輕生，死後留下了四十億的遺產，即使她這麼有錢，還是想不開的走了。所以人不是有錢就沒煩惱，一個人會憂鬱和焦慮，跟他的財富沒有絕對的關係，而是跟他的心有關。」

即使這個世界一片祥和，只要你的心很亂，便會覺得一切混亂不堪。就像禪宗一則很有名的小故事，六祖慧能大師有一天來到廣州西北近郊的法性寺，當時住持印宗法師正在講解《涅槃經》，寺外卻有兩位僧人為了前一天晚上強風吹旗而爭論不休。

其中一個僧人說：「那是風動。」另一個僧人說：「不對！是幡動。」慧能大師見兩個人爭得面紅耳赤，就說：「不是風動，也不是幡動，而是你的心在動。」

我們無法讓這個世界不亂，只能盡量讓自己的心不亂，然而這個世界亂不亂不是問題，只要你的心不亂，眼中的世界也會跟著平靜下來，外界的紛紛擾擾便無法影響你。

只要你心安不亂，那麼無論你遭遇何種困境，問題終會迎刃而解。因此，如何讓自己的心不亂，才會成為修行的重要功課之一。

外境無罪，人的心才是亂源

還記得學員淑嫻的故事嗎？她有三個小孩，其中兩個女兒生了重病，還有一個愛花錢的不靠譜老公，天天把她氣個半死，後來在我的鼓勵之下，她終於決定搬出家門獨居。那天上課我對她說：「妳有老公和小孩，還能搬出來，這是很多身為妻子和母親的婦女做不到的事，真的是勇氣可嘉。」

淑嫻說：「這事我跟我老公說過，他也沒反對我搬出來，剛開始我一直找不到房子，但有件事滿玄的，我來看過你的門診一個禮拜之後，就找到合適的房子了。」其實，我鼓勵淑嫺搬家，除了怕她被老公逼瘋之外，也擔心有一天她老公會被她弄死，這可不是開玩笑的。

一旦淑嫺搬出來，可以把自己過得很舒服，想逛街就逛街、想睡覺就睡覺、想吃什麼就吃什麼，回到夫家心情就會很好，臉上帶著笑容，看到老公也不會不爽，老公也就不會死於非命了。

淑嫺一聽立刻抗議：「我才怕他弄死我呢！他每天都喝酒，回來還會發酒瘋，我睡覺要鎖上房門，不然他喝醉酒回來進我房間，可能就會把我給宰了。搬出來以後，我覺得很開心，只是有時也會有點孤單，還好孩子們三不五時會打電話來問候我，不過，當我身體不舒服時，還是會覺得恐慌焦慮。」

當壓力源解除後，我們的心真的平安自在嗎？如果你像淑嫺這樣，依然感到恐慌焦慮，那麼真正的亂源恐怕就是自己了。所以修行人修的不是外境，而是自己的心。如果你不了解你的心，它就很容易成為你人生的亂源。

因為渴望自由而得了強迫症

強迫症有兩種，一種是行為強迫，一種是思想強迫，所謂的「強迫性思考」就是：明明不想卻偏偏一直想，某個想法違背你的意願，經常莫名其妙地侵入你的腦海，讓你完全逃不開。

我有一個國外個案，就有思想強迫症。他有三個小孩，各是一歲、三歲、五歲，他跟我說：「許醫師，我一直有個強迫性想法，就是，萬一我把家裡的洗衣粉和奶粉混在一起，被小孩喝下去的話，那該怎麼辦？為什麼我會一直這麼想，都停不下來，我好痛苦喔！」

我說：「你有一個壓力很大、很痛苦的自己，如果你結了婚，沒有小孩，那你還有不用賺很多錢的自由、隨時換工作的自由，甚至不工作都行，但現在你有了三個小孩，失去了很多自由，因為你太渴望自由，所以不斷地想把洗衣粉加進奶粉，讓小孩喝下去，你希望你的壓力來源，也就是那三個小孩，可以消失，讓你能夠喘口氣，重獲自由。」

這位個案必須努力賺錢養小孩，每天工作得很辛苦，完全沒有「不賺錢養家」、「不當爸爸」的自由。所以他幻想把洗衣粉加進奶粉裡，讓小孩喝下去死掉，他就解脫了；但他又害怕自己這麼想，努力要壓抑這個想法，最終把自己逼出了強迫症。

我有不照顧母親的自由嗎？

學員小雅內心很糾結，因為她媽媽最近一直打電話給她。「我知道我媽是想要我回去照顧她，但我知道我照顧不了她。因為我媽會黏著我、一直盧我，要我成為她二十四小時的貼身保姆，我告訴她，『我如果回去照顧妳，恐怕妳還沒掛，我就先掛了。』」

小雅有自己的生活要過，但拒絕媽媽又讓她很愧疚，所以一直掙扎著該怎麼辦才好。又是一個失去自由的人，沒有選擇「不回家照顧母親」的自由。

小雅說著說著眼淚就來了：「這真的好難喔！她承諾每個月給我三萬塊，

我沒有答應，她說三萬塊已經很多了，我怎麼那麼會計較，我說，『這不是計不計較、也不是錢的問題，照顧妳就是會有很多狀況，妳不能只顧妳自己不顧我。那妳為什麼不叫弟弟照顧妳？』」小雅的媽媽倒是誠實：「叫妳弟弟叫不動，只能叫妳。」

你看，多麼不公平，弟弟有不照顧媽媽的自由，小雅卻沒有。而且弟弟是兒子，搞不好日後遺產還拿得比較多，現在媽媽生病了，他卻可以無事一身輕。

小雅哽咽地哭訴：「為什麼我媽媽就只會對我發脾氣？她怎麼就不敢對弟弟發脾氣、對弟弟有要求？許醫師，我要承認，我其實是恨我媽媽的，我會不斷想到小時候她對我的言語羞辱，我們之間發生了好多好多不開心的事，我就算做到兩百分，媽媽還是認為我不好，弟弟只要做到一分，媽媽就覺得他好棒，為什麼？為什麼她要這樣對我？我真的好糾結、好難過喔！」

很多時候我們會過著慣性或制式的人生，只朝著社會和眾人認同的方向走，最後卻發現走投無路，失去很多自由，小雅就是這樣，所以我告訴她：

「妳當然有權利拒絕媽媽的要求，就算人家說妳不孝，那妳也有不孝順的自由啊！關鍵在於妳敢不敢只聽內心的聲音，不管別人怎麼想、怎麼說，勇敢拒絕媽媽無理的要求，只要妳過了這一關，妳的人生一定會比以前開闊很多。」

許醫師也有想逃的時候

我們經常因為生活中不順心的事而感到煩躁，就像幾個月前的一個早上，我從床上醒來，想到今天又要看一整天門診，晚上要幫學員上課，明天還要去大陸、馬來西亞出差，就突然心情惡劣了起來。一開始我不明白為什麼，在此之前連著好幾天，我在台中、屏東、台東各地，開會、演講、上課，明明過得很充實，做的也全是我喜歡的事，可為什麼我現在會這麼不開心呢？

直到當天晚上上課前，我突然福至心靈，知道自己為什麼如此煩躁了，那是因為：我覺得我失去了自由。

真正的自由不只是能做自己喜歡的事，還包括能不做自己喜歡做的事。我一向熱愛我的工作，它充滿樂趣又可以幫助別人，但是那天早上醒來，我卻對工作有了抗拒，我知道出國演講、開工作坊是我的責任和義務，我要努力解救大陸十四億同胞的苦難，但其實我很想不幹了。

不只我想逃，我們家每個小孩都想逃，我大姊想逃，她不想承擔長女的責任，但因為她是大姊，她不能逃，也不知道怎麼逃、能逃到哪裡去，最後她找到的逃避方法是生病。只要生病，就可以不用擔起家裡的重責，就可以卸除壓力、可以休息、可以活得輕鬆自在一點。

之前我一直很氣我哥哥，身為長子的他出家當和尚，以致我失去「不用照顧父母」的自由，因為他逃走了，我就沒有逃走的自由了，從頭到尾我對他就是羨慕嫉妒恨，所以我的痛風就出現了。即使到了今天，我依然不時有「好想逃」的念頭。也正是想逃卻不能逃，人才會衍生出無數的身心疾病。

擁有財富自由的人，真的自由嗎？

我有位恐慌症個案，他是個馬來西亞人，在美國一家航空公司當飛機維修工程師，他恐慌的主因是覺得工作壓力很大，於是我問他：「你有沒有考慮離職或換工作？」他回答：「許醫師，我沒有換工作的自由。」「為什麼？」「因為我前幾年才剛買房子，有房貸要繳。但是許醫師，我有一個很不好的想法，不知道能不能講。」「講，許醫師賜你無罪。」我半開玩笑地鼓勵他。

個案怯怯地說：「我爸爸現在住安養院，雖然費用由我們幾個兄弟姊妹分擔，但也是一筆不小的開銷，所以我常常在想，如果我爸爸死掉的話，我就不用負擔這筆費用，生活或許就能輕鬆許多了。」這話我懂，為了安慰他，我立刻說：「其實我有時候也會想，如果我媽媽死掉的話多好，我的負擔也會比較輕。」說完還哈哈大笑，我每個月要負擔我媽媽將近十萬塊的生活和醫療費用，當然要苦中作樂一下。

這位個案已經四十幾歲了，一直沒有結婚，我問他為什麼不結婚，他說：「我害怕結婚之後會失去自由，現在沒結婚，就已經沒有換工作的自由了，結了婚還要多養一個老婆、被老婆管東管西；萬一不小心生了小孩，又要養育孩子，肯定會失去更多自由，我不要。」你看自由多可貴，讓人連伴侶都不想要了。

個案的重點一直放在錢上，他要的無非是「財富自由」，然而許多想要財富自由的人，真正想要的其實是「不工作的自由」、「開除老闆的自由」，但你知道嗎？大部分的有錢人在有錢之後，只會繼續工作，賺更多的錢，所以很多「財富自由」的人，並沒有不工作的自由。拿我來說，我喜歡我的工作，也不缺錢，算是一個財富自由的人，但我也給不了自己「不工作的自由」。

世上不自由的人多不勝數，身為父母的人就是如此，「一日父母，終身父母」，即使小孩成家立業，有了自己的家庭，他們依舊擺脫不了父母的身分與責任，一輩子為孩子操勞，他們沒有「不當父母的自由」。

那麼當孩子的就有自由了嗎？不一定，許多人子很愛他們的父母，父母年老生病了，他們也願意照顧父母，可是有一天當他們累了、不喜歡了，多半沒有「不照顧父母的自由」。

許醫師為什麼會有痛風和恐慌症？

以前我一直有痛風的問題，但有一天早上我突然開悟，終於知道自己為什麼有痛風了。當然，這跟遺傳多少有點關係，我們許家很多男性，例如我的幾個堂哥都有痛風問題，就連我奶奶都有痛風，我是在台北市立療養院當住院醫師的第二年，首次發作痛風。如今回想起來，我懷疑當時是否有一個我，是不想去醫院上班的。

那時我對工作有很大的抗拒，因為我心懷賽斯思想，卻要用傳統的精神醫學概念去治療病人，這經常使我內心產生強烈的衝突，行事左右為難。例如我必須開很重的藥給病人服用，因為這是主治醫師交代住院醫師要做的事，即使我不認同這種用藥方式，也不能違抗主治醫師的命令，我在那個醫療系統之內，就必須遵守它的遊戲規則，我沒有「不聽主治醫師的話及臨床指導、不遵從醫院規定」的自由。

我相信很多人都有過這種身不由己的時候，例如我有位吃素的個案，嫁進了一個吃葷食的大家庭，幾個媳婦輪流煮飯，別人煮葷食時，她可以選擇不吃，但輪到她煮飯時，就很痛苦，因為她沒有「不煮葷食給公婆吃」的自由。

記得我當年恐慌症發作時，問我太太：「老婆，我有不工作的自由嗎？我可以不工作嗎？」我太太以為我在工作上遇到了瓶頸，便安慰我：「你這麼厲害，你的工作絕對可以過關的。」我生氣地說：「閉嘴！我要聽的不是這個。」我想聽的不是她鼓勵我去克服工作上的困難，而是想聽她說：「你可以不工作。」我太太很聰明，馬上就抓到重點，改口說：「你可以不工作啊，反正你也很好養，大不了我去當公務員，養你就是了。」我就是聽了她的話，知道自己有選擇不工作的權利後，恐慌症才慢慢好起來。

每個人都有耍廢擺爛的自由

人人都覺得憂鬱症很可怕，陷入憂鬱的人努力要爬出憂鬱的泥淖，若是有親友罹患憂鬱症，我們會鼓勵他走出憂鬱，我也曾經這麼認為。但現在我看待憂鬱症時，會覺得「憂鬱」其實也是一種可以選擇的自由，人一定要每天都很正面積極嗎？人沒有「很憂鬱、什麼事都不想做」的自由嗎？人不能不出門、不能不見朋友、不能對曾經喜歡的事不再感興趣嗎？

最近某位女歌手憂鬱自殺的事件鬧得沸沸揚揚，許多身心科專家都表示，不要對憂鬱症患者說「加油」，因為他們已經很努力了，他們需要的不是「加油」，而是「可以耍廢擺爛的自由」；她最終會自殺，正因為全世界有那麼多人為她加油，所以她不能給自己耍廢、擺爛、失敗的自由。

你知道她有多努力嗎？她得了乳癌卻不敢讓母親知道，為了開演唱會必須減重，她一天只吃一根香蕉，多吃一口都不行，因為她沒有讓自己變胖的自由。如果她能允許自己耍廢擺爛，像瑪麗亞．凱莉那樣任性地發胖，如果能容許自己消極、抑鬱、崩潰，或許就不會自殺了。正面積極是件好事，但如果你不允許自己有反面的情緒，那就很危險了。

賽斯心法告訴我們：真正的自由是心靈的自由、思想的自由。自由最終必須回歸到自我與心靈的關係，當自我被限制性信念綑綁，例如覺得自己應該要正面開朗、得憂鬱症就要想辦法趕快好起來，正是這些限制性信念讓一個人的自我失去自由，使它無法與心靈連結，心靈因此無法供給自我能量，此時就是身心疾病及不快樂的開始了。

讓你不自由的人，通常是你自己

當我們還是小孩時，總是任性地想做什麼就做什麼，然而長大後卻發現爸媽想要的可能是某種款式的小孩，因為害怕讓爸媽失望，害怕爸媽不喜歡我們、遺棄我們，就漸漸活成了爸媽想要的樣子，但那卻未必是我們想要的自己。

話說我大二時，曾經有一個很邪惡的念頭：我希望爸爸死掉，這樣我就可以不必當醫生了。因為爸媽對我的期望很高，所以我沒有「不優秀」的自由，可是我又想要自由，才會希望爸爸死掉，不用符合爸爸的期待，我就自由了。

但其實我爸爸沒有非要我當醫生不可，也沒要求我的成績要有多好，而且

我每天晚上挑燈苦讀時，爸爸永遠會叫我早點睡覺，不要讀書讀太晚。所以我希望爸爸死掉，並不是因為他給了我多大的壓力，而是我自己有問題，無法接受「我讓父母失望」這件事，不允許自己不夠優秀，是我不給自己自由、是我不夠勇敢做自己。

自由其實也跟愛與安全感有關，小時候的我非常調皮，也一直是全家最敢忤逆爸媽、最口不擇言的小孩，做什麼事都隨心所欲、非常自由，因為那時我很有安全感，我相信無論我做什麼，爸媽都會愛我、永遠不會拋棄我，所以我敢恃寵而驕、任性妄為。可想而知，那些在家中小心翼翼、不斷討好父母的小孩，通常都不夠有安全感，不夠相信自己被愛，所以他們不敢做自己、不敢給自己自由。

我不想再當乖乖牌，我只想做我自己

小君是一位海外學員，過去她一直活在既定的框架之內，以做一個好女兒、好媳婦為人生目標，所以即使工作再忙、再辛苦，也不敢不抽空回國，她說：「我平常不在台灣，無法照顧父母、侍奉公婆，所以只要一放假，就一定會回台灣，然後做很多補償的行為，如果人沒回台灣，也會三天兩頭打電話回去，問候關心老人家。但最近我變得很叛逆，不再像以前那樣殷勤，幾乎到了六親不認的地步。」

小君的異常舉動引發了很多家庭衝突，有一次她跟哥哥姊姊吵架，還大罵對方三字經，雖然她後來跟哥哥姊姊道歉了，卻不想回到原先跟家人的相處模式，不斷地配合他們，努力符合他們的期望，做那個乖乖牌的女兒、妹妹、媳婦，她希望大家各過各的、各自安好即可。

以前她不敢衝撞家人，是怕爸爸媽媽、公公婆婆會對她失望，所以多年來她小心翼翼、負責盡職，但現在她想開了，不再害怕自己在人前建立的優良形象破滅，變得比以前快樂，因為她終於放過自己、得到自由了。

當小君這麼做以後，她的確得到某種程度的自由，但是：「我也經常要面對自責的情緒、面對三不五時的千夫所指，可我就是不想再做回從前的自己，我就喜歡現在的自己，怎樣？以前的我過得很委屈，但他們卻認為我就是要委屈自己才是對的，我覺得他們的觀念好扭曲喔！還好我老公也學了賽斯心法，經常鼓勵我做自己想做的事，他比我的學伴對我的幫助還大，我只要有一點自責或負面的情緒出現，就可以立刻跟老公討論。我老公是最了解我和我的處境的人，他給我的意見最中肯了。」

我覺得小君現在的方向是對的，就像賽斯所說：「來上賽斯的快樂課吧！但如果你不高興、不想上，你可以不來。」任何人都有不聽、不管別人怎麼說的自由，也有不孝順公婆、不符合別人期待、不做應該的事的自由。

自由值得你付出一切代價

我有位住在大陸的強迫症個案，每兩個星期會跟我做視訊心理治療，大部分時候都是她講我聽，她經常拉拉雜雜講了一大堆，最後用一個問題結束治療。譬如她曾經問我：「許醫師，我可以不贊成我大伯把我爸媽的墳墓移到我乾爺爺那邊嗎？」「許醫師，我先生叫我去上班，但我不想去，我可不可以拒絕他？」「許醫師，我先生要把他兩個妹妹接過來跟我們住半年，我可不可以跟他說我不喜歡這樣？」而我給的答案幾乎都是：「可以。」她問了那麼多問題，其實只是想知道，她有沒有「說不」和「做自己」的自由。

我之所以鼓勵她去做想做卻不敢做的事，是因為當一個人有勇氣做自己、敢於對別人說不時，才是他學習成長、對自己負責的開始。

並不是說有自由做自己就一定是對的，而是我們通常都用外在的標準去要求自我，卻沒有給自我自由，讓它去探索心靈，了解自我與心靈的關係，進而認識心靈，也就是我們內在的神性與佛性，自我因此和心靈慢慢斷了聯繫，開始用世俗的標準捆綁自己。

賽斯曾說：「按照你們人類現在的教育，我恐怕要說，不教育比教育還要好。」賽斯說的沒錯，我們的教育是想把孩子變成某種樣子，而不是讓孩子自我探索、自我學習，我們習慣告訴孩子什麼是對的、什麼是錯的、什麼應該、什麼不應該、什麼能做、什麼不能做，尤其是華人家庭。我們的自我也因此被後天的教育、人際關係、社會價值觀所綁架。

本章講的自由會讓你被眾叛親離，但唯有眾叛親離之後，你才有不聽父母、兄弟姊妹、師長朋友、專家大師的話的自由，你才會靜下來傾聽內心要說的話，才能回到內在的愛、智慧、慈悲、創造力與神通，然後跟隨內心愛的衝動、建設性的衝動、利他性的衝動或創造性的衝動，走上心靈的道路。

這麼做需要勇氣，就像當年我剛接觸賽斯思想時，也很怕爸媽知道我的想法後會很震驚、擔心我這麼離經叛道會被逐出醫界，我也曾經感到孤獨恐懼，害怕自己無法在社會上生存下去，但這一路走來，我發現這些都只是過程。如果你也正在嘗試做自己，請不要覺得孤單、覺得沒人了解你，等到有一天你真正自由了，你就會知道一切的付出都是值得的。

如果我問：「你覺得你自由嗎？」我相信大部分的人會回答「不自由」。我也一直以為自己是個自由的人，直到那天早上醒來，我才發現自己失去自由，我驚訝地問自己：「為什麼我沒有自由？是誰不給我自由？我是真的沒有自由，還是我以為我沒有自由？」但現在我知道答案了。

真正的自由是心靈上、思想上自由，那往往不是別人能給你的，無論是你的伴侶、父母，還是老闆、社會，都給不了。作家寬寬說過：「真正的自由是什麼？是不再為了自由而要掙脫什麼，是在束縛裡沒有了束縛感，是心無所住，內心沒有邊界和圍牆。」這種自由只有你能給，你不僅要給自己自由，還要認出你的限制性信念，擺脫那些既有的框架，才能創造出身心健全的人生。

可以啊，反正你很好養，就算我啃饅頭也一定分你一半。
老婆，我可以不工作嗎？

第8章

當你被攻擊、指責或批評時

人類世界經常發生一些令人覺得不公平的事，例如戰爭、犯罪、詐欺、你爭我奪、為了自己的利益抹黑別人等等，這些都是人性的無知與扭曲，是一種惡的展現，令人不適、受傷或遭到損失。

然而賽斯心法卻說，它們都是人類學習的過程，無論這個過程是好是壞，最終都會回歸善的本質和意圖，以及眾生一體的概念。而且惡其實也是人性的一種，它與善並不矛盾，兩者是可以並存的。本章就來談談當你遭到惡的對待，也就是被人攻擊、指責或批評時，要如何搞定自己的心。

攻擊語言的背後，往往隱藏另一種含義

在一次工作坊上，學員小珍說前幾天她跟老公吵架，老公竟說出「我要殺了女兒」這種話，把她嚇個半死，老公明明很疼愛女兒，怎麼可能說出這種話？她只能不斷安慰自己：「不對！這個人不是我老公！」吵架沒好話，賽斯書裡也曾提到，小孩跟父母吵架時，很容易因年紀小不懂事就口不擇言，例

如：「爸爸最討厭了，爸爸最好死掉，不要再回來了！」「我希望沒有妳這樣的媽媽！」聽到這種話的父母，應該沒有不傷心或火大的吧？

此時父母通常會大罵小孩：「我生你養你，為你把屎把尿，努力工作賺錢養活你，現在不過是說你兩句，你居然就咒我死？我養你這種小孩有什麼用？」「我真後悔把你生出來！早知道你現在這麼不孝，當初把你生出來時就該一把掐死你！」賽斯說，這些話都只是一種情緒性的表達與發洩，並不是當事人真正的想法，這些「狠話」背後的意思，往往是：「我這麼愛你，你怎麼能這樣對我？」

記得有一次我爸爸喝醉酒時，對我說：「兒子啊，我這輩子最後悔的事，就是娶了你媽媽。」但他一看到我跟媽媽吵架，就會勸阻我：「兒子啊，你又不是不知道，你媽媽就是那個死個性，她年紀大了，你就讓讓她，別跟她計較了。」然後一古腦兒地幫我媽媽說話。由此可知，我爸爸對我媽媽並不是全無情義，只是有時人的情緒一上來，就控制不了自己的嘴，會讓吵架的另一方分不清是真話，抑或只是在發洩情緒。

我媽媽說話就更惡毒了，譬如她曾經對我說：「兒子啊，我覺得你好像不是娶妻，而是入贅耶，你可別忘了你姓許。」她會這麼說，是因為我和我太太、岳家的關係很好，她感覺自己的兒子被人搶走了，她很忌妒也很失落。但她真正想表達的是：「兒子啊，你能不能常常回來看我，不要讓我覺得你好像嫁到別人家去了。」她甚至對我說過：「許添盛，你這麼不孝，出門小心車子喔！」我媽媽當然不是希望我出門被車撞，她只是生氣抓狂了，什麼難聽的話都說得出口，親人之間最容易講這種情緒性的話了。

很多時候人會攻擊、指責、批評他人，都只是情緒性的表達或發洩，一個人會有這種表現，表示他已經壓抑情緒一段時間，最後再也壓抑不了，只好爆發出來，雖說情有可原，但這種話很容易讓聽者受傷。

所以，這些情緒性字眼背後真正的意思是需要被還原的，它們只是在表達一種感受，你不必把字面上的意思當真，而要去探索這些話真正的含義，否則你在人際關係、伴侶關係或親子關係中遭到攻擊時，就會經常受傷。如果沒有這個概念，有些事你可能就會記恨一輩子，甚至做出讓自己和對方後悔的事。

電視劇不就常常有「好啊，你希望我死，那我就死給你看！」這類台詞，接著狗血的悲劇就發生了。

面對攻擊、指責和批評，你挺得住嗎？

台灣人很熱衷政治，各個黨派都有自己的支持者，每天都有名嘴在媒體批評時政。不少政治明星甚至被起訴，三天兩頭上新聞，但他（她）們在面對人群時，依舊泰然自若。以前我太太覺得政治人物沒什麼大不了，但她現在衷心佩服這些人，我問她：「為什麼突然這麼覺得？」她說：「別的不說，能承受那麼多對手、敵對選民的攻擊和批評，就很了不起了。」有一年，我們台南一位賽斯家族成員出來競選市議員，某天她站在馬路旁拜票，有個阿伯突然往她背上重重一拍，不屑道：「妳一個女人不好好當妳的家庭主婦，跑出來跟人家選什麼市議員？不像話！」結果她也只是彎腰笑道：「謝謝，謝謝！」港星鍾鎮濤跟前妻章小蕙離婚時，全香港幾百萬人都在罵章小蕙是拜金女，把鍾鎮濤的財產全敗光了，她也只能接受，背負多年罵名之後，如今已是知名的帶貨女王，首場直播熱度（含成交及未成交）開出人民幣六億的驚人數字。

金庸小說《天龍八部》中的喬峰，原是威名赫赫的丐幫幫主，後來被查出他是契丹人之後，武林人士便將他們對契丹人的仇恨，全都發洩在喬峰身上，攻擊批評如潮湧來，可喬峰根本就沒有做錯什麼，你說他冤不冤？

二〇二三年七月，大陸歌手刀郎推出專輯《山歌寥哉》，其中〈羅剎海市〉揭示了社會的種種不公和黑幕而引起轟動，創下全球八十億點閱數的驚人成績，然而在二〇一一年，「音樂風雲榜：十年盛典」活動寧可空出一個名額，也不讓刀郎入圍，評委還說：「即使刀郎唱片銷量曾名列前茅，但其作品缺乏音樂性，若可入圍，怕是難以服眾。」你能想像這對一個音樂人是多大的侮辱嗎？跟這些公眾人物一比，你會不會覺得自己遭受的攻擊、指責、批評其實也還好？

攻擊、指責和批評他人其實是一種投射

耶穌曾經說過：「當有人打你的右臉時，就把你的左臉也轉過去讓他打。」看到這兩句話，相信很多人都不以為然，但賽斯的詮釋是：那個被打的人明白了「當你打我的左臉時，你就是在打自己的臉」，也就等於「你攻擊我，就是在攻擊你自己」，這是一種投射。

有一次我媽媽跟我說：「你知道你爸爸為什麼那麼早死嗎？」我想了想，便說：「可能是他比較沒有福氣吧。」結果我媽媽竟然說：「才不是！他是因為你沒有生小孩，被你氣死了！」我聽了哭笑不得：「拜託！妳怎麼不說爸爸是被妳氣死的？」其實我媽媽是在投射一種「氣兒子沒有生小孩」的心態。

我有位個案，她負債了一輩子，一心巴望女兒長大後能嫁給有錢人，結果女兒嫁的是普通上班族。媽媽哭喪著臉對女兒說：「我辛辛苦苦把妳養大，就是希望妳將來能嫁個有錢人，幫媽媽還清債務，讓媽媽過上好日子，沒想到妳

居然嫁給了那種人，媽媽真是對妳太失望了。」她把對未來的希望全投射在女兒身上了，但你覺得女兒就該為了滿足媽媽的期待，去嫁個自己不愛的有錢人嗎？

有一次上課，學員淑嫻說自己這一生遭受到太多老公的攻擊和指責：「我跟我老公還在新婚期間，他就說我在外面討客兄，讓他戴綠帽子。不然就是說我那三個小孩不是跟他生的，是跟我大伯（丈夫的大哥）生的。」一開始淑嫻很傷心，但說的次數一多，她也火了，就對老公說：「你要是不相信，就去驗DNA啊！要是證明小孩是你的骨肉，你就要給我一家店面，驗一個小孩給一家店，總共三家，給我準備好。」一個老公為什麼會在新婚期間就投射老婆外遇，之後還投射三個小孩不是他的？我真的很好奇這個老公遇到什麼事了。

說實在的，那些攻擊你的人，真的認識你、了解你嗎？他們說的話完全都是針對你嗎？當然不，他們只是把對自己、對伴侶、對同事、對老闆等的憤怒投射到你身上而已，你也可以說那是一種遷怒，那些攻擊、指責、批評你的人其實是在攻擊、指責、批評他自己。所以別人討厭你、覺得你不好，不是你真的不好，而是那人的投射，跟你沒關係。他們怎麼看待你是他們的事，你要不要對號入座，那就是你的選擇了。

切勿因他人的攻擊、指責和批評而否定自己

如果別人罵你白癡，你因此而生氣，那是否表示你對自己是白癡這件事存疑？如果你不是白癡，你理應會對他的話不以為意，不是嗎？會把別人對他的指責聽進去的人，很可能是他本來就自責、有罪惡感，或覺得自己不夠好，這時候已經成了你跟自己的關係，你要面對的人是你自己，跟別人沒有關係了。「有沒有好好面對自己」才是你在遭到攻擊、指責、批評時，該做的功課；你平常就要處理這些負面想法和情緒，而不是等到有人攻擊你時，才覺得受傷。

舉例來說，如果我平時就很自責沒生小孩，那麼當我媽媽說爸爸是被我不

生小孩氣死的，我一定會抓狂，但我一點都不生氣，甚至後來我對媽媽講的話都免疫了，原因有二：首先她講的經常都是氣話，那些衝口而出的話並不是她的本意。其次是有一天我突然清醒過來，發現我媽媽就是一個沒念過書、沒知識水平的鄉下無知農婦，她說的話其實很符合她的人設，她這個出身背景的人，會說這樣的話很正常，一點都不突兀。就像一個瘋子突然跑來指責謾罵你，你會知道他是在說瘋話，根本就不會把他的話聽進去，只會覺得「不用理他」，那我需要跟一個無知的農村婦女計較嗎？當然也是「不用理她」，但即便我媽媽是這麼莫名其妙的女人，我還是很愛她。

所以重點不在於別人攻擊、指責、批評你，而是這些批判引發了多少你內在沒有面對的東西。人非聖賢，孰能無過，只要是人就一定會犯錯，但無論你做錯過什麼，都要接納自己。賽斯在《健康之道》第一〇一頁中提到的六大生命法則，也是我們與生俱來的傾向或心態，第一條就是：「我是個極好的生物，是我存在的宇宙裡的一個有價值的部分。」既然你是極好的生物，那麼不管你犯了什麼錯，都值得被所有人原諒，包括你自己。如果別人的攻擊、指責、批評令你痛苦，那就表示你並沒有原諒自己，而人之所以無法原諒自己，通常是因為掉進了自我否定的陷阱裡。

學員淑嫻有一次上課說：「我老公說我在外面搞男人，回來把性病傳染給他，明明就是他一天到晚跑酒店玩女人，還要賴到我頭上？還說紅斑性狼瘡就是性病，你說他是不是神經病？」我聽了都想笑：「紅斑性狼瘡是一種人體自體免疫性疾病，怎麼會是性病？但我確定你老公得了酒精性精神病。」

雖然淑嫻如今已經能笑看自己的荒謬人生，但過去她在老公長期的責罵下，也曾懷疑過自己：「我真的有那麼爛嗎？難道我做的還不夠好、為這個家付出的還不夠多嗎？」那真是一段痛苦難熬的時光，所幸淑嫻已經走出老公的陰影了，但世上還有很多女人因為老公上酒家而自責：「是不是因為我不夠年輕貌美、做的不夠好，我老公才會上酒家？」然後逐漸掉入自我否定中。

一個人如果長期自我否定，很容易就會陷入憂鬱，所以我要提醒大家，當你感到挫敗痛苦時，一定要去覺察自己是否落入了自我否定中。賽斯說過，你

可能會犯錯，可能不夠完美，可能也會迷失或意氣用事，但不需要全盤否定自己。而且你一定要告訴自己真相：「每個人都是個極好的生物，是他存在的宇宙裡的一個有價值的部分。」

攻擊、指責、批評他人者都是對的嗎？

學員春姍自認不是個喜歡做飯的媽媽，孩子還小的時候，為了他們的健康，她很用心地做飯給孩子吃，現在孩子大了，大家就各吃各的，平常她只煮給自己吃，但她說：「每次看到我女兒在吃泡麵，我就很自責沒做飯給她吃，覺得自己沒盡到做母親的責任。」雖然春姍的女兒已經三十歲了。

我說：「妳應該去覺察妳為什麼有自責的習慣。」春姍思考了一下：「應該是跟我媽媽有關係，我現在六十歲，我媽媽九十歲，但每次我若吃飽了才回娘家，媽媽就會唸我為什麼沒有回家吃，還要拿錢給我吃飯。還有，以前我打電話回家時，媽媽都會一再問我『妳有沒有好好煮飯、好好照顧小孩』。她當了一輩子的家庭主婦，覺得好好照顧小孩是媽媽的責任，而我被這種觀念制約了，只要沒做飯給小孩吃，就會有罪惡感。」我問春姍：「妳有沒有想過，妳女兒已經三十歲了，不再是小孩，所以為什麼不是她煮給妳吃，而是妳煮給她吃？又或許她並不期待妳煮飯給她吃，而是希望自己煮。」

你發現了嗎？很多受到攻擊、指責、批評的人，並不是他們真的做錯了什麼事，而是人們有一套制式的社會道德標準，什麼人應該怎麼樣、什麼人不該怎麼樣，只要沒達到這個標準的人，都可能受到攻擊、指責、批評，例如當媽媽的人就應該做飯給小孩吃、當爸爸的人就應該賺錢養活一家人，如果有某個家庭不是這樣，家長就可能遭到批評。但這些批評他人的人都是對的嗎？他們認可的標準都不容挑戰嗎？

尤其華人世界受儒家思想影響深遠，會因為某個權威人士說你不好，你就真的以為自己不夠好，特別是在孝道這方面的要求很高，所以才生出「天下無不是的父母」這樣的俗語，但事實真是如此嗎？父母也是人，當然也可能犯錯，怎麼可能在生下小孩之後，就立刻從凡人變聖人，從此完美無瑕，所作所為都是對的？

有人會因他人的批評，就認為凡事「都是我不好」、「千錯萬錯都是我的錯」，但也有完全相反的另一種人，只要遭到批評，就認為「都是別人的錯，我完全沒錯」。我媽媽就跟我說過一句話，讓我覺得很不爽，她說：「我是你媽媽，我說對的就是對的，我說錯了也是對的。」天底下有這種道理嗎？一個不肯承認自己的錯誤、認為「千錯萬錯都是別人的錯」的人，很可能因為自我防衛機制過高，而失去學習成長的機會。

你沒有義務要滿足他人的期待

住在德國多年的學員艾莉，近年來一直在幫助一個單親媽媽A女，她們平常往來頻繁，算是很親密的朋友。有一天，艾莉的一位讀書會朋友B女來看她，艾莉便邀請A女參加她們的聚會，A女問艾莉可不可以帶她兒子一起去。由於B女遠道而來，停留的時間十分有限，三個人談論的又是身心靈修行方面的話題，實在不適合小孩子參加，而且A女帶了孩子來就必須早點回家，也挺麻煩的，於是艾莉就拒絕了A女的要求。

A女聞言十分詫異，對艾莉說：「從我認識妳到現在，妳一直是個溫暖的人，但這次妳讓我覺得妳很冷酷，很不近人情！」艾莉回說：「要不妳也別來了，我先跟我朋友聚聚，下次有機會再邀請妳和兒子來我家好了。」A女一聽連忙說：「妳誤會我了，其實妳剛剛問我時，我就想一個人去，只是順口問一下，如果妳方便的話，我是不是可以帶兒子去。」不知怎地，A女愈解釋愈不爽，最後竟發起脾氣，甚至連拳頭都要揮向艾莉了。

艾莉大感吃驚又覺得莫名其妙，便開始和她爭辯起來，結果A女講著講著突然就哭了：「妳在我心目中一直有個特別的位置，兩年前我離婚時，我們萍水相逢，妳給了我很大的幫助，但我沒想到妳竟然是這種人！」艾莉簡直哭笑不得：「我很抱歉妳對我有不切實際的期待，但我不是二十四小時都在當陪談者。」

那天晚上在艾莉家的聚會，後來A女自己單獨赴會，因為她兒子並不想參加這種聚會，他選擇一人獨自在家。整個晚上A女都擺著一張臭臉，而且三不五時就要監控一下兒子在家的狀況，並沒有專心參加這場聚會，艾莉覺得非常疲憊。

艾莉在課堂上提起此事時，說：「我到底招誰惹誰了？她把我定義在這個位置，我就必須扮演那個角色嗎？」我說：「當然不用，妳只要做妳自己就好。為什麼妳要符合別人對妳的期望？別人對妳失望不是妳的錯，妳又不是為了討好別人而活的，誰要討厭妳是他家的事，跟妳沒關係。」別人對你的攻擊、指責、批評，你無需照單全收，也不必被人情緒勒索，甚至可以憤怒地反問一句：「你為什麼要讓我覺得都是我的錯？憑什麼？」

假設今天我去搭台鐵，有個坐在別的車廂的人想要跟我換位子，我一定要跟他換嗎？如果是在同一個車廂，我會考慮換位子，如果不在同一個車廂，我一定不換，對方若說我沒愛心，那就沒愛心好了，我不在乎。

人與人之間本就有著「人際界線」和「情緒界線」，唯有你真實地做自己，才能拿回自己的力量，才能不在乎別人的攻擊、指責和批評。而別人的建議或要求，你也不一定要接受，你「可以」選擇要或不要，因為你有「不在乎別人說什麼」的能力，如果沒有，那就學習。但這不代表你不同理別人、不愛這個世界，這是兩回事。

正視受到攻擊、指責和批評後產生的情緒

學員淑嫻搬出夫家後，再也不用忍受丈夫的精神虐待，日子過得比以前好上千百倍，可是有一天，孩子打電話給她，提起跟爸爸吵架的事，當天晚上淑嫻便翻來覆去睡不著覺，開始回想過去丈夫如何對待她，愈想愈難過，忍不住痛哭了一場。她問我：「許醫師，事情都過去那麼久了，我也已經搬出來了，為什麼想起以前他對我的不好，我還是那麼傷心？為什麼傷口都一直無法癒合？」

我說：「因為妳搬出來後變快樂了，妳想要一直快樂下去，害怕回到從前的不快樂，所以不願再回頭看過往的傷口，卻也因此沒有正視妳的傷心難過，

進一步去療癒它們。那些傷口只是被掩蓋住，並不是痊癒了，所以只要有人刺激一下，傷口就會再次發炎，讓妳感到疼痛不已。」

不管是出自什麼原因，當一個人被攻擊、指責、批評時，都可能感到傷心、難過、憤怒，這時候你必須承認、面對、接受這些情緒，而不是去忽略或壓抑它們，假裝什麼事都沒發生。長期如此的話，你可能會失去所有情緒，最後連正面情緒都感受不到，而變成「麻木」了。

麻木雖然可以讓你獲得短暫的寧靜，使你得以繼續日常的生活，但那種「寧靜」其實是一種假象，最終麻木還是會成為你的心理問題，或使你罹患心血管疾病，因為你長期壓抑情緒，拚命讓自己沒有感覺，最後你的心就死掉了，心血管疾病也由此而生。

我們都不喜歡傷心、難過、沮喪或憤怒的感覺，但其實這些負面情緒都是正常的心理反應，它們沒有對錯之分，有時更是一種訊息，讓你可以看見真實的自己，並調整你對待自己和他人的方式與態度。當你覺察到自己有這些負面情緒時，首先要承認它們的存在，才有機會釋放它們，而不是假裝遺忘或拚命忽略。

勇敢表達你的負面情緒

學員明君是位優雅理智的女子，說話思考一向條理分明，她表示自己是個比較強勢的人，所以很少有人敢攻擊、指責或批評她，但她說：「如果是親人批評指責我，我比較可能受傷，有時也會感到憤怒，但我不會跟人吵架，可能我說話會變得比較大聲，但那是為了清楚表達我的意思，讓別人理解我的訴求。」姑且不論誰對誰錯，像明君這樣勇敢地把自己的感覺說出來，就是一種很好的負面情緒處理方式。但要注意，「表達感受」不等於「傷害別人」或「指責他人」，它們是不一樣的。

明君的老公是個凡事慢半拍的人，難免會讓行事果斷的明君看不下去，兩人也曾因此起過衝突。譬如，她明明很仔細地跟老公交代一件事，結果老公轉頭就忘記了，還問：「老婆，妳剛剛是叫我去做什麼？」明君就會不高興，下意識提高音量說：「人家說話你都沒有認真聽，你真的很過分耶！」明君的直接表達反而讓他們夫妻關係融洽，她說：「我老公是一個非常紳士、口不出惡言的人，但是他有心臟病，而我沒有。」

一般來說，擅長表達情緒的人會比較健康，明君說：「像我爸爸的脾氣也很硬，我跟他也會針鋒相對，我說我的感受，他也說他的感受，最終會發現我們只是看法不同而已，而我爸爸的身體就很好。」這使我想起我太太最近睡前都會咳嗽，咳嗽其實跟憤怒有關，而她的憤怒很有趣，就是當我被人攻擊、指責、批評時，她會很生氣，但她壓抑了她的憤怒，轉以咳嗽的方式呈現。這完全符合賽斯說的健康之道，當你覺察並承認負面情緒之後，若不發洩不表達，苦苦壓抑，它們就會永遠堵在那裡，引起心理和身體的不適，甚至形成疾病。所以你一定要將這些情緒宣洩出來，但我要你別壓抑情緒，並不是讓你找人吵架哦！你可以找人傾訴、自言自語、對空大罵，或尋求心理師的幫助，但不能將這些情緒發洩在別人身上，那只會衍生出更多問題。

遭受別人攻擊、指責、批評，產生負面情緒，處理它，是一輩子都在進行的細緻過程，也是人生很重要的功課；只要能做好這項功課，你的幸福指數定會一直往上漲。

老婆別生氣了，
我知道妳在心疼我。
咳、咳、咳……

第9章

一場遊戲一場夢

前文提到的學員淑嫻，她老公之前將名下財產分給了三個小孩，孩子各自拿到一千多萬的現金。而淑嫻的小女兒萱萱患有躁鬱症，她曾經在男友的慫恿下，做了不熟悉的加密貨幣投資，賠了很多錢，又幫男友還了大筆的信貸，一下子損失了兩百多萬，把淑嫻和家人氣個半死，兩人也因此分手。

未料不久後，萱萱的男友要求復合，萱萱也同意了，淑嫻無法阻止，但她很擔心女兒剩餘的財產會被騙走，防得很辛苦。後來我建議她向法院聲請「輔助宣告」，若聲請通過的話，法院會選出一位輔助人來幫助受輔助宣告人（也就是萱萱）處理事情，例如受輔助宣告者的某些特定行為（如消費借貸、訴訟行為），如此便能禁止萱萱處分自己的財產。

此外，也可以聲請「禁治產宣告」，就是對於心神喪失、精神障礙、無法與他人溝通、不了解他人表達的意思，導致不能處理自己事務的人，例如植物人、長期昏迷、嚴重智能障礙、精神疾病患者等，由法院依本人、配偶、最近親屬兩人或檢察官之聲請，宣告禁治產，避免被宣告人財產遭受損失。

淑嫻聲請「輔助宣告」通過後，讓她大大鬆了一口氣：「我真的很感謝許醫師，以後隨便她男朋友想怎樣，我都不用操心了，真是太好了。」躁鬱症患者在躁症發作時，常會有瘋狂購物花錢的行為，之前我就看過一則報導，有個躁鬱症患者在三、四個月間，訂了十一間房子，家人被他嚇了一大跳，立刻要退掉所有房子，但退房必須付一大筆違約金，幸好經過醫院證明和法律程序，順利退掉了房子，否則就是一場無法收拾的災難。所以家中有精神病患或失智老人，最好聲請「輔助宣告」或「禁治產宣告」，以免財產被人詐騙。

一個人長期壓抑情緒會發生什麼事？

現代人真的很容易壓抑自己的情緒，記得有一次我去屏東上課，有位學員在分享時，我發現她壓抑了很多悲傷的情緒。她感覺老公不再愛她了，又被愛情詐騙了三、四百萬，而她之所以被騙，就是因為她在婚姻當中已經得不到想要的，失望之餘只能外求，才會輕易被騙。

另一位學員壓抑的是憤怒的情緒，因為她有個脾氣暴躁的丈夫，動不動就發脾氣，經常把全家人搞得很火大。有一次她開車載著先生和兒子，由於副駕駛座堆滿了東西，所以先生和兒子坐在後座。那天下大雨，停車很不方便，她繞來繞去找不到停車位，先生就開始不高興，對著她大吼：「妳會不會停車啊？叫妳停那裡聽不懂是不是？怎麼有妳這麼笨的人啊！」吼到她兒子受不了，開始跟爸爸頂嘴，後來兩人竟然在後座打了起來。類似的事層出不窮，讓她非常憤怒，只能用頭腦將這些憤怒合理化，試圖讓自己好過一點，然而在我看來，她只是在壓抑情緒，用各種理由自我安慰。

習慣壓抑情緒是一件很危險的事，因為過度壓抑自己的情緒時，很容易罹患各種生理疾病，例如，經常腰酸背痛和椎間盤突出的患者，通常都在壓抑孤軍奮鬥的悲傷感，他們覺得自己得不到支持，沒人幫自己一把，凡事只能靠自己。

去年有位乳癌個案來看我的診，但她不是第一次罹癌，早在十幾年前，她就得過乳癌來找我看診，也因此接觸和學習了賽斯心法，所以這次她很清楚乳癌復發的原因，她說：「許醫師，我的工作很忙、很累、很辛苦，也很受老闆器重，為了得到公司的肯定，我花了很多時間心力，卻忽略了我內心有一個很想擺爛、不想負責、不想承受壓力的自己。」不只她如此，我有好幾個乳癌個案，不管有沒有結婚，都對自己的工作很認真，為了求表現，她們都習慣壓抑各種情緒。

你也許會說：「既然這麼不想做，那就不要做啊！」很抱歉，不行，這些個案一旦真的擺爛，什麼都不幹，失去了上司的肯定和眾人的掌聲，就會覺得自己毫無價值。而「無價值感」比辛苦工作更令他們害怕，他們總說：「如果我不工作，我就不知道自己要幹嘛了。」很多人就是一直活在這樣的矛盾當中不得解脫。

人外在的表現跟內心真正想要的，經常有很大的落差，一個人如果真心喜歡做某件事，他就不會為此一天到晚抱怨、發牢騷，但有時我們會自我欺騙，以為自己真的熱衷某件事，有學員就問我：「許醫師，我要如何辨別自己是否喜歡目前的工作？」我說：「如果老闆不付你薪水，你還是很想做那份工作，那就表示你是真的熱愛它了。」

很多時候你做某件事，不是你想做，而是你或別人覺得你應該做，所以不得不做，正因為你不喜歡、不甘願，所以會有情緒，這些情緒如果無法宣洩，就只能壓抑。但情緒也是一種能量，如果不能排出體外，就會累積在體內，造成阻塞，甚至變成疾病，或影響我們的性格和人際關係。

學員幼青是家裡最年長的孩子，從小就背負了很多家庭壓力。自從幼青的爸爸過世後，媽媽就開始生病，並且因為罹患類風濕性關節炎，暴瘦了二十幾公斤，一發病就全身痛到不能動。幼青很不解：「爸爸跟媽媽吵了一輩子，現在爸爸過世，媽媽應該要覺得解脫輕鬆了，怎麼反而生病，還病得這麼嚴重？她以前明明就是一個很活潑、大剌剌的人，還經常勸人家要正面一點，結果生病以後，個性完全變了。」我說：「因為現在沒有人跟她吵架，沒有人可以怪罪，她壓抑的情緒沒有了宣洩的出口。」

幼青的爸爸是在醫院過世的，而且生前吃了很多止痛藥，把整個身體都吃壞了，媽媽被這些事嚇到，一直不敢去醫院看醫生，也不敢吃止痛藥，她常跟幼青說：「我覺得好痛苦，我不想活了。」幼青聽了非常難過，她很想救媽媽，但媽媽又不肯合作。她說：「那時我真的不知道該怎麼辦，有一種無力感，並不是我想要救媽媽，媽媽就會振作起來。」

後來她每次幫媽媽按摩身體時，就一邊放《健康之道》的有聲書給她聽。她不知道媽媽有沒有聽進去，但後來媽媽願意去看醫生做治療了。幼青說：「我知道類風濕性關節炎是難纏的疾病，治療起來很麻煩，但媽媽願意看醫生，就是好的開始，真的很感謝賽斯心法。」

一個人會生病，無論是生理還是心理的疾病，通常有幾個原因：一是想得到關心、得到愛，二是不想承擔壓力、不想做不喜歡的事，三是長期壓抑某些情緒，使情緒逐漸在各個身體部位上造成壓迫，最終以疾病的方式表現出來。所以我們不能一味對抗、忽略或逃避情緒，而是要去正視和理解它，才可能進一步釋放它。幼青的媽媽會生病可能有其中一個原因，也可能三個原因都有，但可以肯定的是，幼青對她的愛滿足了她的需求，所以她願意努力讓自己好起來。

這個世界跟你以為的不一樣

育有一到三歲小孩的人，經常會在家裡圍個小柵欄，鋪上城堡地墊，然後把小孩放進柵欄內，讓他可以在裡面玩耍、睡覺、吃東西，即使在裡頭跌倒、翻滾、學走路都很安全。

賽斯心法提到，我們是來地球出差、旅遊、學習、考察兼玩耍的實習神明，每一次的投胎轉世，無論降生在地球的哪個角落，我們其實都在宇宙設下的「城堡地墊」內。所以，不管你遇到什麼樣的人事物、有過什麼樣的困境，你其實一直都很安全，畢竟人世間的一切都只是一場夢，你在夢裡從破產流落街頭、不幸出了車禍、歷經殘酷的戰爭、被敵人砍得頭破血流，甚至從二十樓跳下來摔得粉身碎骨都沒關係，因為等你夢醒後，你還是睡在床上，一點事也沒有。不論你此生經歷了什麼，最終都是安全無恙的。

你看過電影《駭客任務》第四集嗎？劇中記憶女神號飛船的船長兔兒花了很多心力，一直找不到救世主尼歐，最後才發現原來是母體改變了尼歐的外型，讓別人看到的尼歐，和尼歐看到的自己是兩個人。就像你看到的我，和我主觀認為的我不是同一個人，而我看到的你，肯定跟你看到的自己不一樣。

我堂哥跟我說過一則趣聞。有一天，他跟我那位九十幾歲的二伯說：「爸，你不要一天到晚悶在家裡，可以去公園跟人家聊天下棋啊。」結果我二伯不屑地回答：「我才不要跟那些老人家混在一起。」堂哥聽了一直笑，我二伯已經九十幾歲了，而公園裡的老人家不過六、七十歲，他明明比人家老，卻說別人是老人家。

等你年紀愈來愈大就會發現，別人看到你的客觀樣子，跟你主觀以為的自己，不是同一個人，別看有些歐巴桑已經五、六十歲，但她們可能都有一顆二、三十歲的少女心。也就是說，我們的肉眼看見的實相，其實是片段而表面的幻相。

知名港星劉德華演過無數的電影，請問他演的角色在電影中破產，也等於劉德華在現實世界中破產嗎？他在電影中被槍打死，請問現實中他本人真的死了嗎？答案當然是「不」。每一個去看電影的人，都知道電影裡演的一切是假的，但為什麼願意花錢去看假的東西呢？因為他們在看電影的過程中「入戲」了。

他們完全沉浸在劇情裡，根本不會去想一切都是演出來的，如果不把一切當真，那電影根本就看不下去了。記得有一次我帶媽媽去看電影，她在電影院裡面哭得稀里嘩啦，走出電影院後還是很傷心，我就安慰她：「媽，妳不要難過啦，那都是假的。」結果媽媽很生氣地回說：「什麼假的！那個人明明就被殺死了，怎麼會是假的？」母子兩人就在電影院外，為了電影劇情的真假而吵了起來，是不是很好笑？

賽斯說，地球是一間教室，所有物質實相都是教具，也可以說是「偽裝實相」。從靈魂和全我的角度來看，我們這一生只是一場戲，所以劇中的男女主角死掉，並不是真的，我們從小到大抽象的體驗是真的，但具體的人事物卻是假的。所以，你被詐騙了三百萬是假的，你在股市裡賺了一千萬是假的，你擔心、害怕、煩惱的事也都是假的。

人生只是一場遊戲一場夢

我所看到的你、你所看到的我、門窗家具、花草樹木、公共建築是假的，你的性別、年紀、身分都是假的，你早上醒來睜開眼睛，開始一天的生活，接觸的所有人事物，過去、現在和未來發生的一切，就連整個地球都是假的，但你必須把它們當成真的。進到公司看到你的老闆，你知道他是假的，但你最好還是叫他老闆，不然你就會回家吃自己，因為他還是可以在這場戲裡開除你。

我知道你很難相信一切都是假的，但你會覺得這個物質世界栩栩如生，是因為你的自我意識將這一切都當真了。你已經降生到這個世界，為了真實地體驗這個世界並從中學習，你得遵守它的遊戲規則，跟所有人一樣地吃喝拉撒、上學上班，與家人、同學、同事、朋友互動，還要談戀愛、結婚生子、為人父母等等。

為了體驗和學習，這種程度的「入戲」是必要的，因為自我本來就配備來入戲的，唯有如此，我們才能完成自己來到地球的學習任務，雖然這個世界只是原子分子搭建的舞台，不停上演著千千萬萬人的人生大戲。

然而當你的自我入戲太深時，就會產生痛苦、執著、不得解脫，此時要從自我跳到「全我」的高度，當你從靈魂和全我的角度看出去，就會發現你身處的世界是假的，一切都是在演戲，你就不會那麼痛苦，因為現在的你、你的一生以及你所在的時空，都只是全我的一小部分，而不是全部的你。

那麼自我從何而來？其實是全我讓自我進入這個世界的，所以全我知道這個世界並不真實，而自我只在兩種時候才會知道一切是假：一是你在做夢時，夢中的你會知道正在做夢的你是假的，二是你死掉以後，你的靈魂離開肉體，回頭看著那具肉體時，才想起一切原來都是假的。而投胎就是意識重新進入一個嬰兒的身體，開始另外一場人生大戲，那些離開肉體的往生親友，其實都在我們身邊，只因為我們和他們身處不同的次元空間，所以看不到他們。

就算有一天你往生了，不管以什麼方式，都只是暫時退出這個舞台而已，以靈魂的角度來說，你依然活著，肉體在實相世界裡死去，不等於我們的靈魂死去，我們在實相世界裡經歷苦難，不等於我們的靈魂正在遭受苦難，不管實相世界有多少災難，都是在全我的城堡地墊裡安全發生的，我們只是在其中學習和體驗，擁有永恆的平安。

信念可以創造，也可以改變

羅患乳癌的學員佩玲，在接觸賽斯思想後，病情漸漸有了起色，厭倦了放療和化療的她，開始試著不用西醫療法，但經過一段時間的嘗試，她又開始不舒服了。我跟她說：「真的不舒服，就考慮回去做個治療沒關係，不要硬撐，賽斯心法是永生永世的學習，不要拿它當賭注，跟西醫療法對賭。」佩玲說：「我也不是要硬撐，只是很想知道自己為什麼會生病。經過這段日子的嘗試，才發現我是因為『低自我價值』才生病。我覺得自己一直賺不到錢，都要靠別人的接濟才過得下去，很沒用。」

很多人都活在低自我價值感中，覺得自己樣樣不如別人，而佩玲從小是個養女，這樣的出身很容易讓她有自卑感，試想一下，是父母親生的女兒都可能因為表現得不佳，而覺得自己沒有價值，更何況是被收養的女兒。所幸後來她發現：「上了許醫師的課之後，我在想，我覺得自己沒什麼價值也是假的吧？真正的我應該是本自俱足、豐盛而圓滿的吧？」我說：「妳當然是，每個人都是啊。」

「有沒有用」這件事其實沒什麼標準，我有位個案是留學英國的律師，相較於一般人，她已經非常優秀了，但還是常常覺得自己沒用，聽起來很不可思議吧？但自卑的人就是會覺得自己沒用，鑽起牛角尖時，不管說什麼都安慰不了他，即使他對社會已經有很大的貢獻了，但只要過不了自己那一關，就永遠覺得自己沒用。反之有些人一輩子沒啥成就、也沒賺到什麼錢，但他還是覺得自己很有用，所以「覺得自己沒用」是一種信念，跟客觀條件沒有關係。

馬來西亞的學員凱琳提到自己會接觸賽斯思想的原因：「因為痛苦了很久，所以想自救。」她覺得婚姻就是愛情的墳墓，她發現走入婚姻之後，她完全失去了自我。結婚幾十年，她一直逆來順受，即使她在事業上有很高的成就，但在丈夫面前，她永遠低人一等，只因為她是個女性。

她說：「在這段婚姻關係中，我一直都是卑微的那一個。我們夫妻不管遇到什麼事，我永遠都要委曲求全，他從來都不肯低頭或道歉，可以跟我冷戰兩三個月無所謂。周圍的人也說女人就該認命配合男人、凡事要以男人為主，所以每次我們發生衝突，最終都是我妥協求和。後來我累了，想跳出這個惡性循環，跳出來以後，我比較能看清自己扮演的是什麼角色，在這齣婚姻大戲裡，我也差不多演夠了。」

其實「覺得自卑」、「覺得女性比男性卑微」都是一種信念，但信念是可以改變的。例如，我有位個案因為身體狀況不佳，在去年七月退休了，沒有結婚、沒有子女的她，覺得人生再也沒什麼好盼望、好留戀的，日子只能過一天算一天，但我跟她說：「妳可以把退休當做人生的結束，也可以將其視為人生的開始，這就是一種信念的改變。只要妳的信念改變了，人生也會跟著變，妳會找到另一片天空，而不會走到妳以為的終點。」

改變信念，從感受下手

賽斯心法好玩的地方就是：你什麼都不用變，只要改變信念就好。我常告訴個案：「你什麼都不必管，只要改變你的信念就好。但信念不是從『頭腦』改起，而要從『情緒』切入。」

學員靜怡二十幾年前和先生開了一家公司，這幾年來，營業額開始下滑，她的工作量大幅減輕，卻讓她對現在的生活感到困惑。她若有所思地說：「我覺得我好像很幸福，又好像不幸福，我有一個好丈夫，有一份工作，可是也常感到一種莫名的悲傷，我不知道自己要什麼，眼前的一切很好，但好像又不是我想要的，我也不知道自己是怎麼了。」我說：「妳覺得自己幸福，那是頭腦的聲音，但我們要追求的不是頭腦告訴你的聲音，而是要從感受切入，妳對現在的生活有什麼『感受』呢？」

靜怡不知如何說起，想了很久後說：「我們從小被教育要為家庭、為孩子付出所有，現在孩子長大，事業有成，有了自己的家庭，什麼都不需要我了，沒有付出的目標，我就迷失了，也不知道自己到底怎麼了，怎麼能在一天之內有那麼大的情緒起伏？」我提醒她：「要不要先從妳很不想進公司、想結束公司又不甘願、這一兩年公司開始虧損、營業額從上億元變成幾百萬談起，就從那些『難過』的感受開始切入？」

靜怡很茫然：「我也不知道，好像沒有去工作，我就不知道要幹嘛了。」我說：「妳是不是覺得自己不工作就沒有價值？是不是覺得自己應該努力讓公司起死回生才對？」靜怡不確定：「可是我一進公司，就覺得壓力大得讓我喘不過氣來，真要談感受的話，我覺得不進公司我很快樂，至少整個人比較平靜舒服。反正只要講到公司的事，我就講話也用力、做事也用力、行為也用力，也不知道我是怎麼了。」

我說：「你們夫妻開公司開了二十多年，錢賺夠了，人也累了，其實早就可以退休養老，但妳先生不想放棄事業，一直想把公司再做起來，他拉著妳加入他的人生計畫中，妳想休息不想工作，又不忍心讓老公孤軍奮戰，於是妳糾結在這種痛苦矛盾之中。就從這種感覺入手，去探尋讓妳不快樂的信念是什麼，正視它、改變它，才可能改變妳不滿意的生活。」

大陸學員莉音之前在國外工作，回國後一直住在父母家，閒散了一年後，開始四處雲遊，沒工作、沒結婚的她說：「我每天都覺得身心疲憊，做什麼事都沒有太大的動力和興趣，想找工作，又沒有特別喜歡的工作，去修行又沒有進展，一直達不到自己和家人的期望。我覺得我想追求的東西，好像怎麼努力都沒有結果，所以心裡很鬱悶，尤其現在還跟爸媽住在一起，真的很尷尬難受。」

莉音已經成年卻住在父母家，存款也只有幾萬塊人民幣，平日的花用還要跟父母伸手要，這讓她很沮喪，覺得自己很失敗。我感覺莉音已經有輕微的憂鬱傾向，於是我要她跟著我唸「我很失敗」，她聽了有點錯愕，眼中充滿不解，但還是乖乖唸了一遍，我解釋說：「因為我要妳認清楚自己的感受，並且承認這種感受，不要逃避，不要刻意忽略。」

很多憂鬱症患者都會覺得自己很失敗，不想出門，只想躲起來不見人，他們想跟所有人保持距離，因為他們覺得沒面子；另一種憂鬱是「我太累了，我很想休息，我過去太堅強了，我現在不想那麼堅強，但我不敢真的休息，唯有得了憂鬱症，我才能休息」。我對莉音說：「『覺得失敗』是妳的信念，而信念帶來的感受是疲憊、沮喪、無助、自責、鬱鬱不得志，妳要先進入感受，並且看見妳的負面信念，才能釋放感受，同時改變信念，命運才會跟著改變。」

從全我的角度來講，我們所看到的物質世界是假的，身體的病痛甚至人生所有的痛苦、執著也是假的，都是我們來到地球要學習的一部分。但就算是這樣，自我依舊可以擁有想要的人生。沒錯，你是活在幻相中，但你還是可以選擇開心喜悅的幻相，在地球上度過愉快的時光。

老婆不要難過，電影裡的人沒有死，那是假的。
嗚嗚……他明明就死了。

第10章

成為自己命運的創造者

傳統醫學和賽斯心法最大的不同之處在於：傳統醫學認為人是疾病的「受害者」，無論是中醫還是西醫。但賽斯心法卻認為，人是疾病的「創造者」。人的「自我」會覺得自己是受害者，但人的「心靈」卻不這麼認為，這也是為什麼我們要從自我（即頭腦）回到心靈的原因，這一點非常重要。

你的疾病是你創造出來的

小欣來看我的門診，她在多年前被診斷出患有紅斑性狼瘡，此症是一種自體免疫性疾病，可能會有疲倦、發燒、體重減輕、關節酸痛、關節炎、肌炎、缺血性骨壞死、臉部蝴蝶斑、圓盤性紅斑、光敏感、口腔潰瘍、掉髮、血管炎、貧血、白血球低下、血小板低下、脾腫大、淋巴節腫大等症狀，為什麼小欣會得這麼棘手的病呢？

小欣從小家住海邊，早年父母離異，所以她是奶奶帶大的。她還在念小學生時，就得跟著大人去海邊採集牡蠣。早上十一點開始退潮，近中午天氣正熱，她就得將全身包得嚴嚴實實的，然後跟著鄰居大嬸走將近一個小時的路程到海邊，途中還會經過好幾條小溪。

我聽著覺得滿有趣的，她卻說：「許醫師，那不是清澈的小溪，而是一般人家家裡排出來的汙水，又髒又臭，甚至還飄著糞便，尤其遇到汙水水量大時特別恐怖，我一個小孩子一不小心就會被汙水沖走。」

日子過得苦，她從小就告誡自己：「我一定要好好念書，將來長大，我再也不要過這種生活了。」可是家裡實在太窮，所以並不鼓勵她念書。上了國中之後，課業愈來愈重，她開始擔心書讀得不好，又得回海邊採牡蠣，當時她常有個念頭：「如果我生病，就可以不用去學校考試，也不用去海邊採集牡蠣了。」

我聽完後跟她說：「妳有沒有發現妳小時候的經歷，跟妳現在得的紅斑性狼瘡有關？」她疑惑地問：「這兩件事有什麼關係嗎？」我說：「採牡蠣時要把全身包得緊緊的，以免被太陽曬傷，而紅斑性狼瘡患者不能曬太陽，所以妳現在不能曬太陽，還要多休息，正是妳小時候嚮往的生活。」

她聽了以後若有所思，我接著問她：「一般來說，自體免疫疾病多源於自己跟自己的對抗，妳覺得妳在跟自己對抗什麼？」她想了想說：「我在成長過程中，最不允許自己做的事就是懶惰，而且不可以休息、不可以沒有用，這算對抗自己嗎？」

後來她又說最近被診斷出患有乳癌，我問她：「妳得了乳癌之後，生活有什麼改變嗎？」她狀似輕鬆地說：「我終於可以睡懶覺了！」我又問：「睡懶覺的感覺如何？」她笑說：「非常舒服！我覺察到我有一個『每天都想睡得很飽、睡到自然醒的自己』，我已經辛苦三、四十年了，睡個飽覺也無可厚非吧？但我卻告訴自己不可以這樣，一直在對抗這個自己。」正因為她在心裡對抗自己，所以她的免疫系統也開始對抗她的身體。

我太太去歐洲玩時，觀察到希臘人的生活習慣，他們午餐就開始喝紅酒，平常不太喜歡做生意，沒有什麼物質欲望，一副快要離開地球的老靈魂狀；有一年，我跟團去法國玩，發現當地著名的百貨公司星期天竟然放假，真是不可思議。這麼懶散的生活方式，對華人這個勤奮的民族來說，已經到「罪大惡極、人神共憤」的地步了吧？

可想而知，要是她小時候整天只想偷懶、睡懶覺，九成九會被判定「今生無望了」，所以她會壓抑這個自己，會不斷鞭策並告訴自己：「我不可以懶惰，我不可以睡懶覺。」並不是因為小欣得了紅斑性狼瘡和乳癌，我就鼓勵她放任自己天天睡懶覺，而是要告訴她，那個「想偷懶的自己」需要被看見、被承認、被面對、被整合。

小欣會來找我還有另外一個原因，就是她女兒想自殺，把她嚇壞了：「我女兒說，她再怎麼努力都達不到媽媽的標準，她很累，不想活了。」小欣把對自己的要求投射到女兒身上，最後變成是她在打壓女兒。我對她說：「妳女兒想自殺，而妳得到乳癌，潛意識上也是一種自殺。」所有的癌症在潛意識上都是一種自殺，因為癌症一旦惡化就會導致死亡。

「早年妳創造出了紅斑性狼瘡，是為了可以適度地休息，但後來休息可能已經不夠了，妳想逃走，而免除一切壓力與責任的方法就是『一走了之』，所以妳又創造出了乳癌，以滿足妳的所有要求。」她恍然大悟：「許醫師，你說的沒錯，本來我婆婆要求我負責家裡拜拜的事，每天還有做不完的家事，但自從我得了乳癌之後，就不用做這些事，我先生也減少對我的要求，我再也不用扛那麼多責任了。」

我有很多乳癌個案都覺得：如果沒有一天張羅三餐給老公小孩吃，就很自責，覺得自己這個老婆或媽媽當得很失職、很沒價值。但我都會提醒她們別想太多：「妳認為有用的，不見得是人家想要的，你認為沒有用的，搞不好正是人家最需要的。」例如我媽媽不良於行之後，常感嘆自己不能再做飯給我吃，覺得很對不起我，但其實我一點也不在意，因為我覺得她做的菜不怎麼樣，我並不想吃，不如叫個外送還比較省事。

你知道中風的都是哪些人嗎？個性急、負責任、喜歡管別人的事、把別人的事扛在自己身上的人，可是現在他中風了，他還做得到嗎？他為什麼要創造出中風的實相？因為躺在床上四肢不能動，連一根手指頭都舉不起來，他終於不用再為別人的事負責，凡事都得放下了。這樣的人如果不是中風，他是絕對不會放自己假的。

有B型肝炎和C型肝炎的家族，其家族成員從小就背負著「不能被人瞧不起」的重責大任，他們很害怕被人看輕，所以做什麼事都很認真努力，不敢偷懶或稍有鬆懈，長大後也容易罹患憂鬱症、躁鬱症等疾病。

所以請你記住，你生命中發生的每一件事，都是被你的內我吸引過來的，就像以上個案的疾病一樣。如果你身上有什麼難纏的毛病，不妨細細向內觀照，找出自己有什麼相關的內在原因，這才是根治宿疾之道。

過得了自己那一關，才能真正海闊天空

小欣年輕時跟先生共同創業，陸續開了公司和工廠，最近小欣覺得累了，錢也賺夠了，一家人就是三輩子也花不完，所以想把公司和工廠收起來，但先生不肯，他認為沒有公司和工廠，自己就沒有了價值。而小欣又很依賴丈夫，過去他們夫妻日夜在一起，如果她過退休生活，而先生繼續經營公司，那他們兩個就無法日夜相守，公司裡又有女會計、女經理，她很怕先生會被誘惑，萬

」她退休後，老公找了小三怎麼辦？於是她開始有了「分離焦慮」。

小欣也問我：「那我退休之後要幹嘛？」這是一個很普遍的問題，很多女性都會遇到這種空巢期，孩子長大不再需要媽媽，媽媽的生活就失去了目標。這也是我想探討的「生涯轉換」。當孩子長大不需要你了，你的價值在哪裡？

根據統計，一般人在退休三到六個月內，最容易罹患憂鬱症。之前新店分會有位學員是從科技公司退休的總經理，她的資產至少有三億以上，退休之後卻得了嚴重的憂鬱症，我問她：「妳現在退休了，錢也一輩子花不完，為什麼要憂鬱？」她說：「我沒辦法接受我現在只能花存款，每個月沒有固定收入。」她知道自己很有錢，這輩子都不愁吃穿，可她就是無法接受自己「現在沒有收入了」。她甚至在我面前大哭，痛苦得不得了，我都很怕她會自殺。

她哭著說：「許醫師，我一切都很好，我老公對我很好，孩子們也不用我操心，錢也多得花不完，可我就是心理上過不去。」你也許會懷疑她是不是在自虐，放著退休的好日子不過，得什麼憂鬱症？但她從國中開始就過著很努力的生活，如今叫她放下一切，什麼都不用做，她真的辦不到。台灣人從小就被教導要努力工作賺錢，不工作賺錢會讓我們很不習慣，不信你捫心自問：如果你是一個有固定收入的上班族，有一天突然沒有了固定收入，你在心理上轉換得過來嗎？

還有位個案帶著她的一兒一女來看診，女兒大約二十五歲，兒子剛上大學，個案的先生在五十二歲時從科技業退休，卻在上個月上吊自殺。其實她先生退休後有段時間過得不錯，玩跳傘、開遊艇、考輕航機執照樣樣來，可是時間久了以後，他就愈來愈覺得空虛，過去他的價值來自於工作和收入，現在沒有這些，就找不到自己的價值了。後來她先生得了憂鬱症，每天都覺得身體痛得不得了，可是他明明從頭到腳都沒有病。很多人都是這樣，外表光鮮亮麗，內心卻早已狂風暴雨，因為過不了自己心裡的那一關，才是一個人最大的痛苦。

我們家的人也是這種勞碌命，我媽媽明明到了該享福的年紀，也有兒子養她，不愁吃不愁穿，卻大病小病不斷，就是因為她過不了自己那一關，不敢安心休息享福，她的內在認為只有生病了才可以休息、不用做家事，而她想休息，只好讓自己生病了。我爸爸也是，他才七十九歲就往生，因為他覺得自己沒有用了，就不活了，這也是源自於他年輕以來就有的限制性信念。

當你覺得「我就是想懶惰，我就是想睡懶覺，我就是想睡到自然醒」時，千萬不要責備自己，你只是累了，因為你一輩子都在告誡自己「我不可以偷懶，我不可以睡懶覺，我不能睡到自然醒」，你不知道要適時放鬆，所以不肯放過自己。但若你不過這一關，不允許自己休息，可能就一腳踏進鬼門關了。

我們對於「有沒有用」這件事給的定義都太狹隘了，賽斯心法認為生命存在的本身就是有價值的，「有沒有用」更是隨著年齡和狀態而有所不同。人生在每個階段轉換時，本來就需要做心理調適，如果沒有隨著生涯的轉換，看到自己的價值，並轉換舊有的信念，就可能迷失自己。然而大部分人都缺乏彈性，畢竟堅持了三、四十年的習慣，不是一朝一夕就能改變，所以才會產生那麼多自我矛盾與衝突。如果你不去找出這些矛盾衝突，它們就會一直折磨你。

違背內心真實的感覺，就會招來無常的外境

香港地狹人稠，一般人家的房子都不太大，所以香港人幾乎不會在家裡招待親友，而是請他們去住酒店、到外面餐廳吃飯。香港學員艾拉家裡只有二十多坪，住著他們一家四口人，其實已經很擁擠了，但有一次她在台灣的家人去香港看她，一去就是十幾個人，晚上都要打地鋪才能睡覺，白天她還要帶家人出去玩，所有開銷都由艾拉家支付，這讓艾拉心裡很不平衡，於是她決定：「我再也不要招待別人了！」

然而不久前，一向對艾拉疼愛有加的姑姑來香港找她，又引發了她心中的拉鋸戰，姑姑對她有情有義，之前她和家人鬧不和時，只有姑姑了解她、支持她，加上她覺得自己也應該對家人釋出善意，讓彼此情感交流，否則太不近人情了。

決定在家裡接待姑姑後，艾拉一直很擔心：「不知道到時候會不會發生什麼事，讓我無法招待姑姑，萬一家裡漏水、洗衣機壞掉什麼的怎麼辦？結果就在姑姑來的前一天，我正在上許醫師的線上課時，大樓警衛來按我家門鈴，跟我說我家漏水，水漏到樓下了。我當時一聽嚇到，被『我的創造力怎麼這麼強』嚇到了！還真是怕什麼來什麼啊！」因為漏水，艾拉家被限制用水，所以她只好請姑姑住旅館，而姑姑也能理解，並不以為意。

之後艾拉帶著姑姑出門玩，又遇到三天颱風天，艾拉因而一直在思考自己為什麼會創造出這樣的局面，是在害怕什麼、逃避什麼嗎？我告訴她：「妳在害怕萬一姑姑來，結果妳家狀況一大堆，讓妳招待不周，會壞了彼此的感情。」

艾拉聞言，點頭如搗蒜：「對啊，我想做一個完美的主人，好好地招待來客，讓他們賓至如歸，又很怕搞壞彼此的關係，所以想跟他們保持距離，不想要他們住到我家來，因為那麼緊密地相處在一起，會讓我很有壓力，感到害怕，反而做不好招待工作。後來上了許醫師的課以後，我告訴自己不要

害怕，做得不好沒關係，不用一直要陪著他們，即使沒話講、招待不周都沒關係。」

從艾拉的案例中就可知道，你的頭腦有多麼違背內心真實的感覺，你的外境就會發生愈多的無常，所以絕對不要用「追求完美」來壓迫真實的自己，你阻止不了內在真實的感覺去創造實相。你一定要常常問自己內在真實的感覺是什麼，因為違背內在真實的感覺過日子，會讓你非常痛苦，甚至讓你百病叢生。

馬來西亞學員佳香是一位鼻咽癌患者，她來看我的門診時，我給她比較大的壓力，因為我要把她的感受逼出來。她是個凡事認真努力、力求完美的人，尤其結婚、生下孩子之後，她就想把家打理到最完善地步，悉心教養孩子，為這個家盡心盡力，所以她覺得自己不能停下來休息，後來才發現，原來她並不想過得那麼累，而是希望可以擺爛、走捷徑、不勞而獲。

其實很多個案都有一些共同的想法：「為什麼別人可以那麼舒服地過日子，我就不可以？為什麼別人的爸媽可以給他一棟兩棟房子的，我就沒有這種爸媽？為什麼有人可以不用上班賺錢，有家人或伴侶養他，一輩子不愁吃穿，我就沒有？」很多人都會想偷懶，這是人性，其實很正常，而佳香內心也有一個很懶惰、什麼都不想做的自己。

佳香甚至坦承自己是一個目中無人、凡事都不想配合別人的人，她說：「其實我根本不想做一個好老婆、好媽媽，一天要煮五餐誰受得了？而我已經做了二十多年，真的累了。自從我得了鼻咽癌，我連廚房都不想進，連一杯水都不想倒，根本就不想做回從前那個自己。」你看，這是個多大的騙局，佳香一直在欺騙別人、欺騙自己，二十多年來，她苦苦隱藏壓抑真實的自己，甚至覺得如果她是那樣的人，就沒有資格活在世上，寧可生病死掉，也不想讓別人看到那樣不堪的自己，所以她創造出鼻咽癌，企圖要殺死自己。

佳香過去的行為就是在「逆風而行」。逆風而行不是不可以，但你要知道自己正在逆風而行，如果沒有覺察到這件事，總有一天你會被風吹得東倒西歪，甚至把命都賠上了。唯有先明白了你的內心，才可能搞定你的心。

我又問佳香：「現在妳知道自己是怎樣的人了，接下來妳打算怎麼辦？」

她說：「我就允許自己擺爛，想睡覺就給它睡到自然醒，反正生病的人最大，誰都別想使喚我！」我滿意地點點頭：「這就對了，孺子可教也。」

人的表相和內心想法經常是相反的

有一年我去羅東做一場兩個小時的演講，剛好遇到我痛風發作，腳痛得不得了，當時我很希望演講可以趕快結束，好讓我回去休息。但同時我內心又有虧欠感：「我怎麼可以這樣想？怎麼可以希望演講趕快結束？」最後，我演講了兩個半小時！那是我生平第一次算錯演講時間，這件事對我而言幾乎不可能發生，竟然發生在我最想趕快結束演講的時候。由於身體不舒服，我的頭腦告訴我應該休息，但內心其實想好好演講，而最後創造出實相的是我的內心。

我很理解賽斯說的，有時候人的表相和內心的想法是相反的，《聖經》上也說：過度有禮貌的人，可能在掩飾他的驕傲。對你過度謙虛的人，可能看不起你。內心愈脆弱的人，愈會用理性來包裝自己。愈愛講道理的人，就愈不敢面對真實的感受。而表面上過度熱衷行善的人，可能另有所圖。

以前我有位糖尿病個案就是這樣，有次他來看診時一臉笑咪咪，看起來心情很好，但其實那天他很生氣，可是不想表現出來，於是用笑容滿面來掩飾他的憤怒和不以為然。就像有些小男孩喜歡某個小女孩，會故意欺負她，或是我們在青少年時期，遇到喜歡的人會變得拘謹，甚至不理對方，但遇到不在意的人，反而跟對方處得很自然，是一樣的道理。

學員書俐來看過我的門診後，第一次到基金會上實體課程，就聽到以上幾位學員的故事，她發表了自己的感想：「我們做人真的可以這麼任性嗎？我多麼想表現真實的自己，一點也不想隱藏，但問題是，真的可以這樣嗎？」我說：「我個人完全不介意妳展現真實的自己，請妳盡量做自己。但我不是要妳在人前表現出真實的自己，而是問妳有沒有承認、面對真實的自己。妳一定要承認並面對真實的自己，但妳要在別人面前表現多少真實的自己，由妳決定。如果妳連承認面對真實的自己都不敢了，還談什麼在別人面前表現出真實的自己？」

許醫師教的跟你想的不一樣

學員惠文的媽媽有一天打電話給她，在電話中一直嫌棄照顧她的外傭，說了很多外傭的壞話。惠文聽完後很不解，問媽媽：「妳不是對我很壞嗎？妳不是一直欺負我嗎？為什麼妳不用同樣的方式對待那個外傭？妳不高興可以罵她啊！」結果媽媽答了一句：「我不敢。」惠文當下愣住，回說：「為什麼妳欺負我欺負得那麼理所當然！」掛上電話後，惠文愈想愈難過：「為什麼媽媽一直欺負我，卻不敢欺負別人？」

我忍不住安慰她：「因妳是媽媽的自己人，而外傭是外人。華人有一個習慣，會欺負自己人，然後對外人都很客氣。這是一種人，但也有另一種人是對自己人很好、對外人很壞。媽媽把妳當成自己人，而自己人是罵不跑的，所以得罪自己人比較安全，但得罪了外傭，萬一她在妳媽媽的水裡下毒，或半夜拿棍子偷打她怎麼辦？」

我還舉我媽媽為例，她就很喜歡壓制自己人，當她把別人「壓落底」（台語）時，認為「我怎麼對你，你都不敢反抗，那我就有安全感了」。不過，我媽媽只敢這麼對我哥哥姊姊，卻不敢這麼對我，因為我會對她說：「我不愛妳了、我不要妳了、我從今以後不會來看妳了！」我們家四個小孩裡，只有我敢說這種話，她對我沒有安全感，因此對我比較客氣。當一個人沒有那麼信任你的時候，他就會對你客氣。

我又舉了一位個案的例子，她跟我抱怨說：「我兒子經常跟我頂嘴，把我氣個半死，可是他在他爸面前就很乖，大氣都不敢喘一個。」我說：「因為妳兒子對妳有安全感，對他爸比較沒有安全感，他怕得罪爸爸，讓爸爸生氣，但他不怕妳生氣，表示他跟妳的關係比較親近，恭喜妳啊！」個案想了想，覺得好像有道理，也就比較釋懷了。

惠文聽了以後很認同，哽咽地說：「這我也知道，但我就是不甘願啊！我媽從小對我予取予求，對弟弟就好得不得了，不管我表現得再好，都比不上弟弟。當時我不滿的情緒都上來了，整個人陷入憂鬱中一直哭，一整天都沒辦法做事，到了晚上還睡不著。」我不得不說：「的確，父母指望有人為他們養老送終，通常比較不敢得罪兒子。」

惠文說：「我也很想衝著媽媽大喊大叫：『妳憑什麼這樣對我？妳憑什麼對我說那種惡毒的話，還叫我要死趕快去死一死啦！』我也好想對我媽說『我不想愛妳了，我再也不要來看妳了』，可是我沒有那樣的底氣，我就是做不出這種事！」我說：「我真的很建議妳跟媽媽大吵一架。」

惠文很猶豫：「可是我怕跟她吵了一架，把她給氣死了怎麼辦？」我很沒良心地說：「妳媽媽年紀這麼大，死也不足惜了。活到這把年紀的人，自有她活下去的智慧，而且命是她的，她要為自己的生命負責，這樣妳才不會被情感綁架。妳可以為自己多年的委屈和心酸出一口氣，但重點是妳有沒有心疼自己。」

別人對不起你可以是天經地義，但你對不起自己卻是不可原諒的，你為什麼要讓別人這樣對待你？或者你也這樣對待你自己？我對惠文說：「我不認同妳媽媽這樣對妳，但容許妳媽媽這樣對妳的人，是妳自己。尤其很多女兒都是打不跑、罵不走的，但我曾經看過會跟父母翻臉的女兒，父母都很尊重她，不敢得罪她。因為她尊重她自己，不容許別人這樣對待她，誰要是踐踏她，她就離開誰。」

惠文說：「我一直想原諒我媽媽，可是我又沒辦法原諒她，我覺得我怎麼可以一直不原諒自己的媽媽？但我就是做不到！」我聽了都想笑：「誰叫妳原諒她？妳當然不要原諒她！原諒不是廉價的，也不是頭腦要妳怎麼做，妳就做得到，原諒必須是妳打從心裡快樂起來而做的決定。這時候誰叫妳原諒妳媽媽的，不用理他。」

有一年我去西雅圖上課時，遇到一個學員，她說她上過各種心靈課程，都解決不了她的問題，我很好奇是什麼問題這麼棘手，結果她問我：「許醫師，我要做什麼練習或冥想，才能不討厭我婆婆？」我聽了很想翻白眼：「妳有病啊？妳討厭她就討厭個痛快啊！我要教妳的是繼續討厭她，然後覺得討厭她真好！但是妳討厭歸討厭，不可以故意弄死她喔。妳就討厭她討厭到妳爽為止，有一天妳就會愛她了，如果妳不能接受『妳討厭她』這件事，那麼妳的『愛她』都是假的。」所以那些傳統的禮義道德有什麼用？它就是在壓制人的感覺，但賽斯心法不同，它尊重人的感受，進而疏通人的情緒。

我真正要教導那位學員的是：「妳要接受妳討厭婆婆這件事，接納自己的情緒，不要跟它作對，最後才能回到愛。這才是真愛，而不是假掰、壓抑的愛，那是帶著委屈和犧牲，最後只會讓妳離開她。」

我有位躁鬱症個案，今年已經七十幾歲了，有一次來看診時，正在躁症發作中，只見她像個小孩一樣歡天喜地地走進來，問診時頭腦非常清楚，隨時可以舉一反三。從生理上來說，躁鬱症是大腦神經傳導物質失衡、神經系統運作不穩定使然，所以很容易反覆發作，長期下來，大腦也會受損，智力和認知功能都可能退化，這或許是她一副小孩模樣的原因。

而我跟她深談之後，她承認：「我從小到大都在裝成熟，但其實我內心很幼稚，很不想長大。」「不想長大，想一直當小孩」也是很多躁鬱症患者內在共同的聲音。不過躁鬱症還是比思覺失調症要好些，若是反覆發作，患者的智力只會退化到五至七歲，但思覺失調症患者的智力會退化到三歲以內，連自己大小便都不想負責，這兩種病都是精神醫學裡的退化性疾病。

躁症和輕躁是一種很迷人的感覺，腦袋會變得特別聰明，但這其實也是我們的潛能。賽斯說，在躁症期間，「覺得自己很棒」的自我良好感成了患者的主要信念，所以患者在躁期才會有驚人的表現。由此可知，如果你的主要信念是你很棒，那麼你什麼事都會做得很好，你的體力、健康狀況會變得很好，金錢收入也會變得豐盛，各方面都會順風順水，所以賽斯才會將「我是個極好的生物」放在生命六大法則的第一則。

我建議大家每天早上醒來都對著鏡子說：「我很棒，今天會是美好的一天！」這不僅是一種自我催眠，也是在建立信念，如果你能建立這個信念，它就會發揮作用，帶給你很多意想不到的好處哦！

老公，快去照鏡子！
我很棒，今天會是美好的一天！

第11章

不求好，反而能夠更好

我有位個案是乳癌患者，幾個月前她突然無法走路，後來到醫院一檢查，才知道原來癌細胞已經擴散到她的脊椎，導致幾乎半身癱瘓，後來緊急做了手術，重新打骨泥，經過將近一年的復健，她才漸漸地能從家裡走到附近的便利商店。

那天她跟我做視訊門診時，心情有點沮喪，因為她的癌指數（CEA）之前都是一點多，正常值是要小於五，可如今她的癌指數已經升到了六點多。而且她還摸到自己乳房上有一顆硬塊，讓她開始感到焦慮。由於個案今年已經五十多歲，仍單身未婚，她說：「以前我怕自己老了沒錢花，一直過得很節儉，努力存錢，現在卻要擔心錢沒花完人就死了。」我不由得搖頭：「請妳對自己好一點好嗎？」

在跟這位個案互動的過程中，我一直覺得她很客氣、很有禮貌，不幸的是，我一向對有禮貌的人很感冒，因為我自己就是一個不太有禮貌的人。我還感覺到她是一個很自制的人，性格很善良、保守、乖巧。我沒跟她說些「妳一定會反敗為勝、戰勝病魔」之類的虛話，而是問她：「假設妳現在就快要死掉了，那妳還想當現在這個自己嗎？」

她不解：「什麼意思？」我又問她：「妳知道妳為什麼會得癌症嗎？」她搖搖頭：「不知道。」我說：「因為妳不夠壞，現在的妳說話圓融、舉止有度，完全挑不出毛病，妳很好，所以妳得了乳癌。」聽得她哭笑不得。

但我不是在開玩笑，因為個案是個極度壓抑的人，我在跟她交談過程中發現，她會顧慮別人的心情，也很在乎別人對她的看法，這就是她致病的原因。

後來，她焦慮地問我：「我該怎麼辦？」我建議她：「下次妳去便利商店，就跟店員說：我是癌症末期的病人，你們有沒有什麼特別的贈品可以送我？」她很驚訝：「什麼？這不是很奇怪嗎？我不敢耶……」我堅定地表示：「我就是要妳做奇怪的事，就是要妳不必在乎別人的眼光呀。」

不要覺得這個建議很無厘頭，我要個案去思考，自己為什麼要活得那麼乖？為什麼要那麼在乎別人的眼光？為什麼非得等到生命快結束時，才願意豁出去活？

學會不在乎別人的看法

有一年，我到屏東上課，回程打算搭下午四點五十五分從高雄到台北的高鐵，沒想到屏東到高雄這段高速公路大塞車，等我到達高鐵站時，四點五十五分的高鐵早已開出，我只好改搭五點十五分的高鐵，臨時買票也只能買自由座車票，結果上車之後發現沒有位子，只能一路站回台北，這一站至少要一小時三十一分啊！

站在車廂時我心想，反正我回台北後也要運動，幹嘛不利用時間，現在就在高鐵上運動呢？於是我扶著椅背上方的突起物，開始做抬腳運動，右腳往上抬十下，再換左腳往上抬十下，輪流抬腳半小時後，又開始腳尖不離地的原地超慢跑，就這樣運動了一個半小時，跑到最後，我甚至覺得整個車廂都是我的健身房，好爽喔！我做的這些動作都不難，既不會干擾別人，也沒有違反高鐵規定，唯一要克服的就是——別人的異樣眼光。

我一向不在乎別人對我的看法，不過，這並不是我天生的能力，而是我學來的本事。我其實是個內向、害羞又靦腆的人，我們家的人都覺得我從小很乖，只會唸書，不太理人，跟現在的我有很大的不同。

過去的我也很在乎別人對我的看法，在乎別人喜不喜歡我、認不認同我，直到我接觸賽斯思想，覺察到這一點，才開始時時提醒自己，並有意識地練習不要在乎別人的看法。所以我敢把高鐵車廂當健身房，是經歷了很多事、克服了很多心理的難關，才逐漸學會這個能力。

可說到底，你又不知道別人的看法到底是什麼，也不曉得對方究竟是否定你、還是認同你，那你幹嘛要在乎別人怎麼想？我懂每個人都不想當怪胎，可就算別人覺得你很奇怪又如何？你會少塊肉嗎？你薪水會被扣一半嗎？你有沒有想過，你因為在乎別人的看法，妨礙了自己多少可能的發揮空間？又蒙受了多少損失？

只要不在乎別人的看法，你會發現自己比以前自由得多，過去你不敢做、不會做的事，現在都能放開手腳去做了，還會增加你意想不到的可能性，人生因此產生更多變化，生命也會有更多樂趣。

記得在一次工作坊上，我談到了相同的主題。香港學員艾拉說，自己從小到大都很在乎別人的看法，嫁為人婦後，更是在意公婆怎麼看她，她舉了個例子：「剛結婚時，有一天，我下班後跟老公去看電影，結果看到一半，婆婆打電話給我，把我嚇個半死，覺得自己好像做了虧心事，下了班怎麼沒有立刻回家陪公公婆婆吃飯，還偷偷跑出來和老公看電影？」

我聽了差點暈倒：「拜託！你們是合法夫妻，又不是外遇的姦夫淫婦，有什麼不可以？」艾拉說：「不知道啊，就是會那樣想。還有上次姑姑來香港看我，正好遇到我家在裝修，空檔時間我就想，姑姑他們就在銅鑼灣，我坐地鐵到那裡只要十分鐘，從前他們遠在台灣，如今近在眼前，我竟然沒有去陪他們，他們是我的親人，我這樣不聞不問，人家會不會覺得我太冷漠了？我應該負責他們在香港期間的所有行程，每件事都要做得滴水不漏，把每個人都服侍好才對，所以我每天都過得提心吊膽，直到他們回台灣，我才鬆了一口氣。」

艾拉的經歷也是很多人共同的心聲，因為多數人的痛苦源自於：拚命想把事情做好、想討人喜歡卻做不到。艾拉一輩子都求好心切，希望人家覺得她是個好女兒、好太太、好媳婦、好媽媽，結果把自己累個半死，這又是何苦？

於是我問艾拉：「如果我要妳別管什麼好太太、好媳婦的角色，完全不理會別人的看法，就算被全世界的人討厭也沒關係，高興怎麼過日子就怎麼過日子，妳會怎樣？」

她嚇了一跳：「可以這樣嗎？」「可以啊，為什麼不行？」她想了想，不由得笑了：「那我一定覺得很爽啊！哈哈！」我也笑了：「是啊，因為妳擺脫了所有人的眼光和期待，妳自由了。」

過度在乎他人看法，只會讓自己蒙受損失

我有位個案是家族企業的繼承人，小時候一家人還算和樂，長大以後兄弟姊妹各自獨立，但每次回家，全家人一起吃飯，爸爸跟他說話時，他都會莫名地胃脹氣，要不然就是拉肚子，讓他不得不離席。這件事令他很苦惱，到醫院做過各項檢查，也顯示腸胃沒有什麼毛病。

我問他：「你跟爸爸平常感情怎麼樣？」他說：「就一般吧，只是我們很少單獨相處。」我好奇問：「為什麼？」他開始竹筒倒豆子般地說起他跟父親的事：「跟我爸在一起很有壓力，從小他對我的要求就很嚴格，我都長這麼大了，他還是動不動就挑剔我，一下子說我哪件事做得不對，一下子又說哪件事要加強，好像在教訓小孩似的，每次跟他講話都讓人很想逃。」我聽完後問他：「你是不是很在乎爸爸對你的看法？」他想了想說：「對，我很在乎他的看法。」

過度在乎他人看法不止健康會受影響，心理也可能因此蒙上陰影。有位學員建達這輩子最在乎的人，應該就是他的媽媽了，但他生命中很多痛苦也都源自於母親，因為他一輩子都活在媽媽的陰影下，從來都沒有得到媽媽的認同，他嘆了一口氣說：「我腦海裡總是會不斷播放媽媽曾經講過的話。記得有一次過年圍爐，媽媽當眾羞辱我，我氣得打了爸爸的肩膀一拳，跟他說：『你怎麼會娶這種女人？』媽媽總是把我當成一個端不上檯面的人。弟弟也曾經被媽媽如此對待，他也很傷心難過，但他很早就走出來了。我媽媽最擅長用金錢控制別人，結果弟弟就跑去打工賺錢養自己，脫離她的掌控。」

建達從小唸書考試都是為了讓媽媽高興，結婚生小孩是為了滿足媽媽的期待，事業成就也是為了得到媽媽的肯定，彷彿他是奴隸，媽媽是主人，他根本沒有他自己。但其實建達不是別無選擇，只要他確定他愛媽媽、媽媽也愛他就行，不用管媽媽怎麼想，這樣他就不再是奴隸，因為他已經拿回自己的力量，可以活出自己了。

每個人都有自己很在乎的人，也許你在乎你的父母，也許你在乎你的小學老師，也許你在乎某個權威人物，這可能讓你一輩子都活在對方的眼光之中動彈不得，根本無法活出自己，唯有你不在乎「他怎麼看待你」，你才能拿回自己的力量。不是要斬斷你跟對方的關係，而是對方怎麼看你，對你不再有意義。

如果連你最在乎的人對你的看法，你都可以不在乎，就算得不到對方的認同也無所謂，那你就自由了；你可以完全照著自己想要的方式生活，你不再有主人，因為你的主人就是你自己。

你有被人討厭的勇氣嗎？

二〇一四年，台灣出版了一本很有名的書——《被討厭的勇氣：自我啟發之父「阿德勒」的教導》，書中強調「所謂的自由，就是被別人討厭。有人討厭你，正是你行使自由、依照自己的生活方針過日子的標記」。出版後引起熱列的討論，是當年的暢銷書之一。

如果你覺得不自由，是不是因為你害怕被人討厭，或者你害怕讓別人失望？人生本是一場戲，大家都想演個受人喜愛的角色，不敢讓人討厭，一輩子兢兢業業、從不懈怠，活得這麼辛苦，成就卻不怎麼樣。既然如此，那你有沒有想過反其道而行、改演一個令人討厭失望的角色？你要是能演好這個角色，我保證你反而能成為人見人愛的團寵。

我不是要你去幹什麼驚天動地、讓人生厭的大事，而是要你從生活中的小事開始嘗試，不要怕得罪人、不要怕讓人失望，放手去做自己想做的事。只要把握「不違法、不傷害別人、不傷害自己」三個大原則，就沒什麼不能做的事。

那要怎麼開始呢？有機會的話，你不妨做個實驗，例如參加同學會或家族聚餐時，不要像往常一樣，一進門就跟所有人打招呼、和顏悅色地跟人聊天說話，而是抱著「我就是故意要讓人家討厭我」的心態，去測試一下你能否讓人討厭你，如果你辦得到，那你就真的解脫了，因為你的內心已經強大到不在乎任何人的眼光和看法了。

在一次工作坊上，學員欣怡說：「我最近換了新工作，因為剛進公司沒有太多工作，一下子就做完了，我就問同事還有什麼事可做，結果都沒人要理我，我實在沒事可做，只好滑手機，卻滑得膽戰心驚，我是那種事事要求比一百分更高分的人，所以壓力非常大。後來有同事跟上面的人告狀，說我上班都在摸魚滑手機，我覺得很委屈，又不是我不做事，而是真的沒事做，你們沒人要教我，卻又在背後說我很閒，這是我的錯嗎？」欣怡說著說著都要哭了。

又說：「我就像許醫師說的，是個非常在乎別人看法的人，剛剛許醫師要我們做實驗，一下子就把我心裡委屈的結打開了，我就想好吧，既然你說我滑手機，那我乾脆滑到爽，讓你把我 fire 掉好了！無所謂，我只有這樣才能解脫，否則實在太痛苦了！」

我聽了以後大加讚許：「對！沒錯，就是要這樣！當你已經不在乎老闆會不會開除你時，你就無欲則剛了。」但我的意思並不是要你從此黑化，變成一個超級大壞蛋，也不是鼓勵你上班摸魚打混，而是要你敢於被人討厭，不再處處受限，拿回自己的力量。

你敢讓人對你失望嗎？

學員美妃就很認同，她說：「我住在中部水果之鄉，常會帶很多水果回娘家，分給兄弟姊妹，他們卻經常嫌棄我、說我讓他們失望，我還小心翼翼地賠不是，好幾次都這樣，搞得我也火大了，再也不帶水果給他們，寧可把水果送給外人。結果他們跑來問我：『妳現在怎麼都不帶水果給我們啊？』我就說：『老娘不爽給啦，怎樣？』講完我覺得好爽、好開心哦。」

我聽了立刻恭喜美妃：「很好，妳終於敢讓別人失望了，這是一種難得的智慧。妳自由了，不必再活在『被別人討厭』的恐懼中了。」

美妃聽後哈哈大笑：「對啊！我給他們再多的水果，他們也不會滿意，可是我來上課，只是帶了一些小橘子來分給同學，大家都吃得很高興，多好啊！」

我知道有些人以「不讓在乎的人失望」做為奮發向上的動力，這一點我沒有意見，但重點是：你是否只為了讓對方不失望而活、是否只能符合他的期待地活著，對方是否成了你的限制，讓你動彈不得、失去自己？

雖然我開課、著書、演講，教過很多學生，得到他們不少敬重，我說的話他們也都聽得進去，但我還是經常提醒他們：「你們不必符合我的期待，只要做自己就可以了。」我在幫人做家族治療時，也經常建議個案切斷家族中對他恩情最重之人或從小他最在乎之人的投射關係，不要害怕讓他們失望，這樣雙方的身心和關係才能變得健康。

所以，我這幾年也常故意讓我媽媽失望，因為她講話實在太惡毒了，經常指著我的鼻子罵：「你就是被招贅的啦！什麼都聽你老婆的！沒三小路用啦你！」這個時候我就會附和她：「媽，妳說得沒錯，我就是沒用，我讓妳失望，實在沒臉見妳，那我先走了！」然後就憋著笑離開媽媽家了。

尤其我跟媽媽吵架時，她更是口不擇言，有一次她罵我是個不孝子，還詛咒我出門會被車撞死，我回答她：「我孝不孝順，我心裡知道，妳說我不孝都不算數。」我壓根兒就不在乎她說什麼，因為我知道力量在我身上。

第二天我再去看媽媽，心想，「我幹嘛跟一個沒受過教育的無知農村婦女計較，我有病嗎？」於是我跟太太說：「妳就把媽媽當成一個無知的農村婦女，她沒有不愛我，可她就是人格不成熟，我何必跟她計較？還要在乎她對我的期待？又不是腦子進水。」所以我並不會生媽媽的氣，依舊善待她。我家也只有我敢跟媽媽吵架，我大姊則是一直忍耐不敢頂嘴，私底下氣個半死，你說我是不是過得比我大姊舒心多了？

學員敏嘉說：「自從我跟先生結婚後，就一直對公婆很恭敬孝順，到後來甚至一回婆家就胃痛，因為只要聽到他們的期待，我就會自動收進腦中，思考怎麼滿足他們的期待，就怕他們不滿意我這個媳婦。但我剛剛突然想到，我最近已經有讓公公和婆婆失望了。之前我一直覺得是自己不好，才會讓公婆失望，心裡很自責，但其實我應該高興，是嗎？」我笑說：「沒錯！妳終於讓他們對妳失望，妳成功了。」

當你從某人身上得到愛時，你就會想要符合對方的期待，因為你害怕對方對你失望，從此不再愛你，你甚至會為了這個愛你的人，努力成為一個完美的人，讓他以你為榮。但真正愛你的人，會希望你做自己，而不是想要控制你。其實愛的本質始終如一，但有時候人類很不成熟，會以愛為名去掌控他人。

尤其華人的愛經常都包含著限制、控制、要求對方順從，可你聽過造物者給予人類的「自由意志」嗎？自由意志就是在沒有脅迫下，意識清醒、精神健全地做出選擇。而真正的愛就能讓人擁有自由意志。

學員皓謙有感而發：「從小到大爸媽都希望我們好，並以此為名要求我們做很多事，我們也以為這對我們好，等到年紀漸長，卻突然不知道自己在拚什麼；現在我們為人父母了，也希望孩子未來能過得好，好像不知不覺也會給孩子一些想法。現在聽許醫師這麼一說，也不知道給孩子的想法好不好，突然有點害怕起來。」我說：「你可以給孩子你的想法和看法，但你要尊重他的自由意志，讓他自己做選擇，不要幫他做決定。」

其實有時讓人失望是件好事，因為你讓對方失望，他就會放過你，然後再抓下一個替死鬼，繼續嚴格要求對方，那你就解脫了。所以你要覺得高興，因為你終於自由了，可以做自己了。

你可以讓別人討厭你、對你失望，因為別人對你失望，不等於你對自己失望，大家都討厭你也沒關係，只要你喜歡你自己就夠了。不要因為別人對你失望，就感到沮喪、痛苦、無所謂或想放棄，而是要感到輕鬆自在，當你不再一心取悅別人、為滿足別人的期待而拚命努力時，你便拿回了自己的力量。

只求失敗不求好，反而能過得更好？

二〇一三年上映了一部叫《白日夢冒險王》（*The Secret Life of Walter*

Mitty）的電影，劇情講述華特．米堤是《生活》雜誌的員工，經常做各種白日夢。有一天，知名攝影師尚恩．歐康諾送了一捲特別的底片作品，並說明希望有一張相片能成為《生活》雜誌最後一期的封面。

華特在底片影像部門工作了十六年，從未弄丟過一張相片，但這次卻找不到二十五號底片。於是從未真正出去冒險過的華特，決定出門尋找尚恩，找回失蹤的二十五號底片，為此他跑遍了天涯海角，卻也展開了一場刺激的冒險旅程。如果他一輩子循規蹈矩、事事求好、擔心失敗，就不可能有這麼一段精采的人生經歷，只能不斷做著白日夢而已。

我有一位得了愛戀妄想症的個案，她每次去健身房遇到男教練，就會對他產生戀愛妄想，自己在妄想中愛得死去活來，還說對方是渣男，但事實上根本什麼事也沒發生，全都是她自己幻想出來的。

我跟她說：「妳四十幾歲仍然未婚，會不會是因為妳很害怕在感情和婚姻中受傷，所以妳只敢在妄想的世界裡跟別人談戀愛，不敢在現實世界中跟別人有情感交流？畢竟妄想世界是安全的，而現實世界卻是危險的。」

她若有所思，不知道該贊同還是反對，我又說：「如果我現在要妳去談一場戀愛，目的是為了把這場戀愛談失敗，那麼妳談這場戀愛時，會不會比較沒有壓力？」她猶豫了半天才說：「我也不曉得，要試試才知道。」我鼓勵她：「妳就去試啊！」後來她真的談戀愛了，至於結果如何就看她有多想失敗了。

又假設有位老闆對一個怕自己做不好工作、不敢找工作的人說：「沒關係，這份工作就是要你做不好，你儘管隨便做，愛怎麼做就怎麼做。」那人會不會做得比較放心？在沒壓力的情況下，工作是不是就能做得好一點？

所以有人跟我說他想創業又怕失敗時，我都會直接回他一句：「那你就準備去失敗吧！」當你朝向失敗而去時，反而不容易失敗，因為當「失敗」成了你期望的結果，你又怎麼會怕失敗？

無論是愛情、工作或任何事，人人都想「求好」，這是人的慣性，但「求好」也造成了人們很大的壓力，像我大姊一輩子就想做個好太太、好媽媽，其中的辛苦簡直筆墨難以形容，但如果她一開始就不想當好太太、好媽媽，能多壞就多壞的話，那她肯定比現在快樂很多。

在很多人眼中，我許添盛做了很多不凡之事，那是因為我很努力地讓自己不要有「求好」的心態。人一旦求好心切，就容易生氣不耐煩，若你能不「求好」，帶著好玩有趣的心態，就能釋放很多壓力，當你覺得自在了，事情反而容易成功。

還有一種「求好」是源自於內心的自卑或恐懼。新加坡學員雅純是個養女，正因為她不是養父母的親生女兒，所以她這一生都很艱辛地努力求好。而小時候親生父母把她送給別人，也導致她一直有個「被拋棄」的心結，但她始終不敢去面對「被拋棄」的恐懼，所以她潛意識裡想：「我為什麼不得癌症死掉？只要死了，就可以不用再求好，就可以休息了。」所以，她若從今以後不再求好，便是在救自己的命。

雅純說：「其實我也有察覺到這一點，現在比較敢做自己，例如先生下班回來了，若我不想搭理他，就繼續做我的事，或者朋友跟我說話，我不想跟對方聊天的話，也會滑我的手機，這樣比較像我自己。因為我原本的性格就是不喜歡搭理別人，但我害怕自己沒朋友、人際關係不好，所以經常會違背本心，勉強自己去取悅、順從別人，後來我做回那個不喜歡理人的自己，我的朋友也因此疏遠我，於是我又開始擔心焦慮了起來。我覺得要消除這種被人拋棄的恐懼，真的很難。」

這也是我為何鼓勵「不求好」，就是要大家面對自己的恐懼，你大可告訴自己「我不想當好人，我不要當好人」。如果你夠信任心靈的本質，即使你故意當壞人，也能表現良好；若你一心只想當好人，容不得一點失誤錯處，最後你只會變成濫好人，甚至是偽善之人。

學員淑嫻在我談到「求好」這個主題時，想起自己的前塵往事，在課堂上哭得唏哩嘩啦，她帶著鼻音說：「以前的人都講求門當戶對，我跟我先生就是門不當戶不對，他家很有錢，我家窮得要命，讓我覺得自己矮他一截，所以結婚後，我拚命地想討好夫家，什麼家事都一手包辦，就是希望在夫家表現好。當時他們家有一整排房子，他們一家住了其中兩棟，還是一到四樓的透天厝，我每個禮拜要掃地一次、拖地一次，兩棟房子八層樓，打掃完人都快癱了，每次家裡拜拜也都沒人管，只有我一個人準備供品，累得要死。

「所以就像許醫師說的，我真的要感謝我的小女兒有躁鬱症，她躁鬱症一發作，我就得看著她，什麼家事也做不了，她的躁鬱症已經四年了，所以四年來我都沒時間拜拜，一開始還很掙扎，但現在我都不管了，我為這個家付出這麼多，他們家還這樣對我，甚至不信任我，那我幹嘛替他們家做那麼多啊？」

如今淑嫻已跟先生分居，搬到外面住了，這讓她整個人輕鬆不少，她還跟女兒說：「我今年過年不會回去，你們父女三個自己回你們的家，拜拜的事我也不管了，自己看著辦！」

我很認同淑嫻：「幹得好！學身心靈的人就是要有那個『底氣』，所謂的『底氣』就是賽斯心法講的愛、智慧、慈悲、創造力、喜悅與神通，不用再去討好任何人，成為任何權威的奴隸，你真正的主人是你的內心。唯有透過我們的內心，才能連結到造物主。」

學員敏嘉聽完這堂「不求好」的課之後，幾乎淚流滿面、泣不成聲：「我剛剛聽到許醫師說『我再也不想求好』時，忍不住就哭了。」我問她：「這句話觸動了妳什麼？為什麼妳會哭？」

敏嘉哽咽道：「許醫師剛剛說的善良、禮貌、保守、乖巧、順從的特質我都有，但是我不快樂，而且是愈來愈不快樂。我想出去上課，我先生卻一再地阻撓我，但我現在要豁出去做我想做的事。我也要像許醫師對媽媽說的『我孝不孝順，我自己心裡清楚，不是由妳決定的』。」我說：「是啊，妳是不是一個好太太，妳自己心裡清楚，不是由別人決定的。」

敏嘉說：「對啊，我做了十九年的家庭主婦，現在給自己放個假怎麼了？連我家的工人都有假可放，我卻從來不能放假，只要一出門，回來就會被罵，講到這裡我又想哭了。」

我問她：「你一輩子都循規蹈矩，符合別人的期待，而沒有做自己，對嗎？」她點頭如搗蒜，接著又說：「我最近甲狀腺長了一顆東西，也不知道是不是惡性腫瘤，雖然許醫師說醫院若叫患者回家觀察的話，一般都沒事，但我覺得這顆東西就是我對付我先生的武器，我可以跟他說，我已經活不久了，我想做什麼你就讓我去做吧！」我笑說：「對啊，而且還要把病情說得愈嚴重愈好！」

但我說的不是「不求好」，而是「故意不求好」，是帶著做實驗的心情，去感受那種「故意」的感覺，你會覺得像惡作劇般地有趣輕鬆。而且當所有的人都討厭你的時候，你會很高興，因為你的惡作劇成功了。

其實「求好」本身沒什麼錯，所以我們才會從小到大凡事都想求好，字要寫好、衣服要穿好、地要掃乾淨、工作要準時、老闆交代的事要完成，搞得我們一輩子都在求好，但從靈魂的角度來說，我們一直在求的好，到底是誰眼中的好？是父母規定的好？老師規定的好？政府規定的好？還是社會規定的好？

其實我們的心靈並不會去定義什麼是好、什麼是壞，心靈早已超越好壞之別，沒有非求好不可，要求好的往往是自我和頭腦，而那些「好」只是頭腦的價值標準。一個被「求好」捆綁的自我是無法回到心靈層面的，但如果你能不再事事求好，自我就能得到解脫，回到心靈層面，就能傾聽內在的聲音，達到從心所欲而不逾矩的境界。

不過，「求好」有時不是別人給的標準，而是你給自己的標準，所以你要去思考，這個「求好」會不會變成你的框架和限制？如果不會，你大可繼續求好，如果會，就讓它滾一邊去，別讓它來礙你的眼。

我做事不一定會求好，但我一定會求好玩、有趣和盡興，我會問自己做這件事我開不開心？我有沒有發揮自己的價值？至於是不是世俗認定的好，完全不在我的考慮範圍內。只要你能拿掉世俗的好壞標準去做人處世，並傾聽內心的聲音，你的心就不會亂；只要心定，人生自然也就圓滿順利了。

我最近好像
讓媽媽失望了。
做得好，
妳成功了！

第12章

人生如意事十之一二

去年十二月基金會辦了一場教育研討會，其中一個研討主題便是：打開內在感官。內在感官也就是所謂的潛能、超能力或神通。很多修行人都希望能修得神通，但他們多半把神通當成「樂透」，希望有了神通，就可以解決所有的生活難題，快速擁有想要的一切，而這何嘗不是一種變相的逃避現實。

之前有個案曾經問我：「許醫師，我想辭掉現在的工作去創業，你覺得好嗎？」我問他：「請問你現在當員工，當得好不好？你適不適應員工的生活？你是不是一個愛抱怨的員工？是不是一年到頭常換老闆？你是懷抱創業夢想，為了一展鴻圖才要創業，還是覺得當員工痛苦不堪，才想創業當老闆？」他囁嚅地回答是後者。我說：「你連員工都當不好，還怎麼當老闆？當老闆的難度可比員工高多了。」

一般來說，當員工一定比當老闆輕鬆，員工只要把自己份內的事做好就行，但是當老闆卻要面面俱到，要負責公司的盈虧、人事、管理、財務、業務等等，可能永遠沒有下班時間，絕對沒有想像中的容易。

然而很多人看不清楚這一點，覺得工作上不得志，就想創業當老闆，他們並不是胸懷大志，想幹一番大事業，而是因為無法適應現況，就想逃避現實。這樣的人又怎麼可能當得成老闆？

拿我來說，我一開始是家醫科的醫生，後來轉到精神科，又在新北市聯合醫院精神科當主任多年，直到十五年前，我才出來自己開診所。我剛到聯合醫院工作時，院裡的精神科業績是全院最後一名，當時一個禮拜只有一個約聘醫師會從國泰醫院過來看診，我是聯合醫院第一個精神科專任醫師，但我只花了兩年時間，就把精神科的業績做到全醫院的前三名。

由於健保局會嚴格審核醫院的健保申請案，尤其是病人很多的醫院或科別，只要醫院藥開得愈多，健保局就愈賠錢，而我每次回覆健保局的申復案，都會對健保局的人說：「我一個月看這麼多病人，可是我開的患者每日用藥費用幾乎是全院最低的，我幫你們省了那麼多藥費，你們還要砍我的業績，這還有人性嗎？」所以通常我的申復案都會通過，不會被砍到業績。如果你覺得我出來開診所是成功的，那也是因為我還在當員工時，就是一名很成功的員工了。那麼打算創業的你，是抱著什麼樣的心態呢？

神奇之道幫助你面對現實，享受成功人生

我這一生遇過無數個案，無論是躁鬱症或思覺失調症患者產生的幻想和妄想，都是建立在對現實的否定和不接納，患者不接納自己的現狀，卻又改變不了現狀，只好用幻想和妄想來取代現實。

人生的現實是什麼？是健康問題、婚姻問題、親子問題、債務問題、兩岸問題等等，而人生本就是一個神聖的教育場所，人之所以輪迴轉世，就是要藉由面對現實中種種的困難，來提升靈魂的能力，又怎能容你逃避現實？唯有面對了現實、處理好現實的問題，才可能打開人的內在感官，擁有所謂的「神通」。

我也知道一個人若無力面對現實，就會用盡各種方法逃避，才會有做不好員工而妄想創業當老闆的人，才會有一心想中樂透、以為天上掉下一大筆錢就能解決所有困境的人。其實中樂透只是錦上添花，不是雪中送炭，你一定得用自己的力量解決現實問題，才能真正離苦得樂，所以能為你雪中送炭的人，只有你自己。

這也是我認為每個人都應該學習賽斯心法的原因之一，因為賽斯心法絕對不會要你逃避現實，而是教你學會面對，進而解決現實的問題。

時下某些宗教會鼓勵信眾逃避現實去修行，以獲得神通力，讓那些在現實世界中痛苦的失敗者，透過修來的神通消除人生苦難，但那全是騙人的。但賽斯心法的「神奇之道」不一樣，它是真的能助人恢復健康，讓人賺到錢，享受豐盛的生活。

賽斯心法一向都很實際和實用，它會教導你肯定自己的人生，成功解決你的現實問題，讓你成為現實世界中的成功者。在這個過程中，你會自然而然地打開你的內在感官，迎向人生更大的挑戰，這才是一個人得到「神通」的正確路徑。

人生不需要十全十美，如意事十有一二足矣

記得研討會那天，我戴了一頂女性假髮，竟意外獲得好評。後來有個女性

工作人員也戴上那頂假髮，對著鏡子左看右看都不滿意，皺眉說：「什麼嘛！我戴假髮居然沒有許醫師戴假髮來得有女人味……」說完就立刻摘掉了假髮。

我問她：「妳知道為什麼妳會覺得自己沒有女人味嗎？」「啊？不知道，為什麼？」「因為妳不接受自己的女性面，不接受自己是個軟弱、膽小、依賴的人。」「可是那些特質本來就不怎麼樣，誰都不想要啊！」我告訴她：「怎麼會？我就很依賴別人啊，我總是能賴就賴，但那不表示我沒有能力。」

說來起我還真不是普通的「無賴」，我到現在連自己的身分證號碼都背不起來，我們家的車子從來都不是我在加油的，我一進家門衣服都是丟在地上的，我在生活上非常依賴我太太，我一個人絕對活不下去。

例如我太太出國時，是我小舅子的太太幫我洗衣服的，是我外甥們來幫我這個姑丈摺衣服的，反正「洗衣服」這件事這輩子都跟我沒關係，你看我有多沒用了！可是我好喜歡我的沒用，我幹嘛要什麼都有用，我該有用的時候有用就好了啊。

蔡昌雄教授曾經說過：「人生不如意事十之八九，但世上的成功者永遠不會在意那八九，而是把重點放在一跟二。」所謂的「一跟二」就是你的優點、特色、專長等等。一個人不需要十全十美，也不需要什麼都會，只要把你專精的「一跟二」做到極致、做到最好，這就夠了。

永遠肯定現在的自己，肯定當下的生活

很多人在打牌時，手裡拿的明明是一副好牌，卻總是羨慕別人手上的牌。我記得看過一支小短片，內容講述每個人都在羨慕別人的際遇：影片中一群業務員正在陪客戶喝酒，其中一個業務員看著正在上菜的服務員，心裡十分羨慕：「當服務生真好，只要把自己的事情做好，時間到了就能下班。哪像我，下了班還要在這裡辛苦地喝酒應酬，都不能好好休息，實在很命苦。」

上完菜離開後的服務員卻感嘆：「當業務員真好，下了班可以吃這麼一桌好酒好菜，還可以談生意賺大錢，哪像我這麼歹命，要辛辛苦苦地伺候人家吃飯，人跟人的命怎麼差那麼多啊！」

而在餐廳外，有個工人正在路邊揮汗工作，抬頭看到不遠處一個大老闆從豪車裡下來，工人帶著羨慕的眼光偷瞄著大老闆：「又是一個西裝筆挺的大老闆，每天坐著百萬名車上下班，還有司機和祕書服侍，真是威風，當有錢人真好啊！」殊不知那大老闆瞥了工人一眼後，心裡想的卻是：「那個工人真好，工作做完就可以領到薪水，我卻要扛幾萬人的生計，一天到晚擔心公司的業績股價、煩惱銀行的利息、害怕資金斷鏈什麼的，每天累得跟狗一樣，還不知道能不能賺到錢，真不知道自己在幹什麼！」

聽聽這些人的心聲，你會不會覺得很好笑？原來每個人都覺得別人過得比自己好，自己就是那個最不幸的人。可其實一個人過得好不好，端視他怎麼看待自己、又怎麼看待別人，以及有沒有接納當下的自己。

所謂的「接納」就是永遠肯定現在的自己、肯定當下的生活、肯定眼前的工作。只要能做到這一點，就算你是個掃廁所的清潔工，都能在打掃的過程中得到快樂和成就感。

我是一個很快樂的人，但我也是一個膽小、懶惰、壞脾氣、依賴別人的人，甚至是個沒有老婆就活不下去的「沒用東西」，但我接受自己所有的缺點，也接納每個階段的自己。

當年我在台北市立療養院當住院醫師，新北市聯合醫院想挖角我，那時他們院長跟我說：「許添盛，你到我們醫院來當精神科專任醫生，我一年給你兩百萬的薪水。」我當住院醫生，一個月薪水七、八萬，我還挺滿意的，聽到年薪兩百萬覺得超級多，加上分紅一年可以拿到三、四百萬，簡直開心得要飛上天，而現在的薪水比當時好，當然就更開心了。

我想表達的是，我三十歲時，覺得三十歲真好，我四十歲時，覺得四十歲真好，我五十歲時，覺得五十歲真好，未來有一天我六十歲時，一定也會覺得六十歲真好。相信有一天我能活到一百歲，一定也會說一百歲真好！就是因為看到每個當下的好，我才會成為今天這樣一個天天開心、又總能心想事成的人。

如同南宋無門慧開禪師寫的一首詩：「春有百花秋有月，夏有涼風冬有雪，若無閒事掛心頭，便是人間好時節。」一年四季都可以是好時節，因為每個季節有每個季節的好，而每個年紀也都有每個年紀的好，每段人生都有每段人生的精采，都值得珍惜、值得欣賞。

雖說事事都好，但我並不是要你安於現狀，沒有任何作為，而是希望你無論什麼時候、做什麼事、處於何種境地，都能去看萬事萬物正向的一面，那麼你就會發現，其實每個當下都很美好。

一念天堂一念地獄，只看你如何選擇

學員淑嫻說起了人生不如意事，那真是十個手指頭都數不過來：「太多了，剛嫁進夫家就被人糟蹋得不成人形，那時候我只為別人而活，一心為夫家付出，根本就沒有自我。我自己得了肺腺癌，老公成天只會闖禍亂花錢，小女兒有躁鬱症，大女兒年紀輕輕就洗腎，又時常忤逆我。她也很奇怪耶，在外面被人家罵得狗血淋頭，也不敢跟人家吵架，回到家我不過是說了她一句，她就跟我吵翻天！」

我說：「這有什麼好奇怪的？她在外面忍氣吞聲，回家當然要拿妳出氣，她心裡才會平衡啊！」

淑嫻聽了有點無語，但也覺得我說得有道理，接著說起一樁小女兒萱萱的烏龍事。前陣子萱萱的躁鬱症又發作了，已經搬離夫家的淑嫻忙著出國事宜，一直沒空跟小女兒聯絡。某日，她突然接到警察打來的電話，說萱萱戴著安全帽攻擊他們家附近的診所，裡頭的護士小姐嚇得趕緊把玻璃門鎖上，剛好警察巡邏到此，當場就把她給逮住了。

淑嫻一聽臉黑如鍋底，立刻請警察讓女兒跟她說話，她問女兒：「妳沒事攻擊人家診所幹什麼啊？」萱萱竟回說：「媽媽，我看到吸血鬼，吸血鬼長得好可怕，他咬了我，吸了我的血，現在我必須吸別人的血，才能活下去。」

淑嫻一聽就知道這是萱萱的妄想，只能火速趕到事發地點。到了現場，見到女兒情緒激動地被警察拷住，淑嫻只好叫了救護車，在警察的協助下，將萱萱送到醫院。到院之後，萱萱不住地大吼大叫，醫生立刻幫她打了鎮定劑，她才逐漸安靜下來，醫生說：「其實這種情況應該要住院了，否則發生什麼意外就麻煩了。」淑嫻便立刻讓女兒住院。

之後淑嫻每天都去看女兒，萱萱纏著她問：「媽媽，妳為什麼要叫我住院？我不要住院啦！」淑嫻沒好氣地說：「不是我讓妳住院，是妳自己造的孽，沒事攻擊人家診所！」

萱萱不服氣：「我又沒有攻擊別人，我只是用頭去撞警車，又不是撞警察，為什麼要我住院？」聽得淑嫻哭笑不得。

聽到這裡我說：「雖然住院要徵求當事人的同意，但如果有攻擊行為，就一定要住院了。不過，這時候妳女兒被抓去住院，妳正好可以安心出國去玩，等妳玩回來了，再去醫院接她。妳看！一切安排得多巧妙啊，這就是人生不如意事十之八九之外的一二，再好也不過了。」

淑嫻點頭如搗蒜：「對對對！我也是這麼覺得。」

我又說：「幸好有警察把她扣下了，否則妳要強制她住院，還得費一番折騰呢！」

一個躁鬱症患者戴著安全帽攻擊診所，還想要吸人家的血、跟人打架，用頭撞警車，被警察拷上手銬，最後被強制送醫，相信遇到這種事的患者家屬，都會覺得丟臉又很痛苦吧？

我對淑嫻說：「人生不如意事十之八九，但我們要把重心放在一跟二，妳女兒現在發病住院，可以得到專業的照顧，妳也能安心地出國旅遊，經過治療後，又可以讓女兒變乖，簡直就是一舉三得。」

淑嫻聽了大笑：「對啊對啊！安排得剛剛好，一點也不用我操心，哈哈哈哈。」

之前淑嫻遇到這種事，總是憂愁又難過，哪還有心情出國？現在她卻說：「自從學了賽斯心法之後，我整個心態都變了，現在遇到我女兒發病，就不會再那麼糾結了。」

一個人身處天堂還是地獄，由他的心態和意念決定。當你肯定自己，就是身在天堂；當你否定自己、否定你所在的實相，那麼無論你走到哪裡，都活在地獄裡。

學會肯定自己，就能無入而不自得

有一次，遠距上課的香港學員艾拉分享自己最近的生活，她見到一位一直沒工作的朋友，終於振作起精神在麥當勞找到工作，於是心裡開始出現質疑自己的聲音：「妳看人家都找到工作了，妳是不是也該去找個工作？妳一直逃避不工作，躲在那邊說要學賽斯心法，到底是真的還是假的？」

我聽完後，對著課堂上的學員說：「各位，學習賽斯心法的首要目的，是要幫助你們更好地去面對現實，比如說恢復健康、創造豐盛、解決痛苦等等，這一點你們一定要記住。」

艾拉繼續說：「當我心裡出現這個聲音時，我開始回顧這幾年的生活，覺得自己創造得還不錯，例如在學習方面我想要更精進，就去學催眠，但在香港聽人家用廣東話催眠，總覺得怪怪的，於是上網去找台灣各大學開的催眠課，心想疫情一過，就要飛回台灣上課，沒想到賽斯管顧居然有開催眠課程，我就這樣順利在線上上課，最後也拿到催眠執照。又看到有位老師在大陸開了諮詢室，我心裡好羨慕，想著如果我也能成為諮詢師，那該有多好。」

艾拉雖有志成為諮詢師，卻也不知從何開始，只能繼續學習，結果不久後，管顧有諮詢師的相關考試，她立刻就參加了。但她心裡那個聲音卻一直在指責她：「妳怎麼不去找工作？妳可以邊上班邊進修啊。」然而艾拉的內心卻一直在抗拒：「人家就是不想工作嘛！」

艾拉後來又想，如果是諮詢師的工作，就算要她飛到大陸深圳，她也願意。此時她才驚覺自己開始有工作的意願了，只是還不夠肯定自己，所以一直在下肯定自己的功夫，每天不斷催眠自己、做自我暗示：「我不要否定自己！我不要再活得那麼憋屈、那麼沒底氣了！」

香港的房子一向不大，艾拉家也不過二十幾坪，但她竟然可以在家裡種很多植物，以前每到十二月，艾拉的女兒都會跟她討要聖誕樹，她總是沒好氣地回女兒：「人都沒地方住了，還弄什麼聖誕樹啊！」但今年她決定要和女兒一起布置聖誕樹，她說：「我覺得我不是在布置聖誕樹，而是在布置我生活中的奢華，我每天看著那棵聖誕樹，邊欣賞邊學習，覺得還滿有成就感的。我就是這樣一點一滴地肯定自己。」

聽了她的分享我很欣慰：「妳在肯定妳當下的生活，不去羨慕別人，這是件好事。」

就像艾拉這樣，學會肯定自己，把眼前的工作做好、把當下的生活過好，那麼就算你手上拿的是一副爛牌，照樣可以把牌打好，活出精采的人生。

若要說我跟別人有什麼不一樣，那必然是：我從小到大都很會用許多小事來肯定自己。譬如我小時候家裡很窮，爸媽沒錢讓我去上才藝課，我長大後就自學畫畫，我幾年前出版的兒童繪本《誰是小蘋果》，就是在我家客廳畫的，所以你想學什麼東西，不一定要上才藝班請名師教導，只要有心就能自學，你家客廳就可以是畫家、音樂家的誕生地，你家廚房也能培育出手藝精巧的名廚。不要覺得不可能，你要做的就只是肯定自己，然後將賽斯心法應用到生活中即可。

記得我還在新北市聯合醫院學遊戲治療時，就跟心理師說：「我們來合寫一本遊戲治療的書吧！」心理師聽了以後嚇一跳：「這不是心理學界的大師才能做的事嗎？」我不以為然說：「什麼大師！我們學會了賽斯心法，就是大師，有什麼不能寫的？」在別人眼中，我一向是個狂妄的人，我並不否認，因為我從小就很狂妄，但我不是空口說白話，而會一步步落實自己想做的事。所以你想怎麼狂妄都行，就是別忘了要腳踏實地。

我這輩子學賽斯心法最大的好處之一就是：我再也不用羨慕別人，我永遠可以不知天高地厚，覺得什麼事都做得到，也真的都做到了，因為我認可自己、肯定自己，你也應當如此，每個人都應該為自己感到驕傲。

看事情的光明面，就能創造光明

有人說，未來十年會是社工的黃金時期，所以考不上心理研究所的人，可以試著去考社工研究所，也是一條很好的出路。我有位個案就是社工科系畢業的，正在準備考國家社工師的國考，之前他已經落榜兩次，因而情緒低落，來看我的門診時抱怨說：「社工師有什麼了不起？不過是幫弱勢團體找什麼政府資源、社會資源的，哪像心理師可以坐下來，跟個案談他的內心世界，多厲害啊！」

我聽了不禁皺眉：「你怎麼會這麼想？社工師也是專業人士，不僅可以連結很多社會資源，也可以跟個案做會談、幫助個案，所有心理師能做的事，社工師都可以做，還可以幫個案尋求各種資源和協助，比心理師更接地氣，幫助的人也更多。所以不是社工師不夠厲害，而是要看你有沒有這個本事。」個案這才恍然大悟：「對齁，我以前怎麼都沒有看到社工師的優點啊？」

我有個學員筠真，長年來過著「每天洗衣煮飯帶小孩」的主婦生活，她其實對這樣的生活十分厭倦，卻又無法擺脫，她說：「我覺得在家裡好痛苦，好幾次都想出家當尼姑，尤其疫情嚴重的那三年裡，我天天都盼著自己確診被隔離起來，就不用再面對那些一成不變的家事了！」

筠真看似柔弱可憐，但我知道她內心關著一頭野獸，她渴望自由、想要放飛自我，所以她平常開車速度都很快，因為她迷戀那要飛起來的感覺，那一瞬間她感覺自己自由了。

我告訴她：「妳要去看每件事的好處和優點，妳覺得孩子妨礙了妳的人生，但其實妳錯了，孩子是妳人生最重要的挑戰，也是妳最大的優勢。」

之前筠真一天到晚擔心小孩亂花錢，費盡心思管束小孩用錢，鬧得親子關係十分緊張，當時我勸她要放權，試著讓孩子自己處理財務。筠真掙扎了很久，才終於把經濟權交出，結果原本不耐煩媽媽管束的小孩，卻跑來跟她說：「媽媽，妳真的要把錢都給我管嗎？我好害怕喔！」小孩那可憐巴巴的撒嬌模樣，讓筠真看了直想笑，瞬間讓母子倆親近了不少。

我讚許地點點頭：「所以很多事都看妳怎麼想、怎麼做，妳現在讓他自己管錢，能讓他學習經濟獨立，他也不會因為零用錢的事跟妳賭氣，你們母子關係反而變好，這不就一舉兩得嗎？」

我發現華人的父母都很喜歡保護自己的小孩，千方百計不讓他們受到一點傷害、希望他們一生少走冤枉路，但其實這樣的教養態度根本不對，父母能提早放手就應著手進行，也要允許孩子犯錯，即使孩子走錯路、走冤枉路也沒關係，只要用傾聽支持鼓勵的態度，讓他們從犯錯中學習就好，如此孩子長大了才會變聰明、長智慧，過度保護孩子，只會害了他們。

筠真感覺接觸賽斯心法後，自己一點一滴在改變，她說：「以前我被人家否定時會情緒低落，但我覺得自己這陣子情緒低落的時候變少了，因為我不會再回過頭來否定自己，給自己再補一刀，而是像許醫師耳提面命的：要常常鼓勵自己。我覺得現在的我很棒！我做到了！我是有力量的！」

想過什麼樣的生活，皆由自己決定

我有位個案是個富二代，他父親把一間工廠交給他管理，可惜他能力有限，管得工廠虧損連連，他本人也痛苦不堪，跑來看我的門診，哭喪著臉說：「許醫師，我真的很不想管那家工廠，每個月虧一百多萬，怎麼做都做不起來，我說不想幹了，可我爸就是不放我走，我壓力真的好大，你看我每天掉一堆頭髮，都快少年禿了，他是我爸耶，幹嘛要這樣折磨我啊？」

我回說：「你傻啊？你爸爸的工廠就是用來給你虧錢的，他就是要你從虧損中學會怎麼賺錢。有個老爸給你一間工廠，讓你每個月虧一百萬、讓你愛怎麼搞就怎麼搞，你還不高興啊？」

個案一聽愣住：「我倒是從來沒這麼想過……」我說：「那你從現在開始這麼想不就結了？」個案若有所思地走了，不知過了多久，他再來看我的門診時，臉上已經有了笑容：「許醫師，我一想到我爸是故意讓我虧錢的，心裡一下子輕鬆不少，結果業績居然開始變好了，真奇怪，哈哈。」

學員志輝是個公務人員，從前的他很自卑，還有一點憤世嫉俗，也不滿意自己的工作，覺得自己事事不如別人，就是個社會的「魯蛇」；他坦言自己一把年紀了，還經常幸災樂禍、見不得人家好，可他自己也沒有多快樂。

直到他接觸賽斯心法後，不但認真地來上課，又在家苦讀賽斯書，結果整個人開朗許多，無論表情或氣色都變好了，他說：「只要有敬業精神，就不會有自己不如人的感覺，就像許醫師說的，把手上的工作做好就行，即使在公家機關，也要把工作當做自己的事業、志業在拚，這樣就快樂了。」

過去志輝一直因母親對他的不公與苛待而痛苦憤怒，如今他卻在課堂上感嘆：「唉，世上苦人多，我們班裡三十幾個學員一個比一個苦，相較之下，我還是裡頭最幸運的。」志輝確實有自己的黑暗面，但即使是黑暗的自己，一旦承認、面對並釋放它時，便得到了療癒，獲得了當下的力量。

台灣是個很有趣的地方，我太太就說過：「在台灣，沒錢的人未必比有錢人過得差。」夜市牛排一兩百塊就可以吃到，連鎖平價服飾店一條舒適吸睛的牛仔褲，幾百塊就可以搞定，所以不用羨慕有錢人，如果你能把窮日子過得很快活，就是個有錢人了。真正的開悟者可以當名車上的大老闆，也可以當街邊掃地的清潔工，若是不會過日子、活得不快樂，錢再多也是枉然。

其實，從你願意接納「你的當下」的那一刻，一切就會自動產生變化，如果你覺得現狀沒有改變，是因為你還沒有完成這個階段給你的挑戰，一旦你的能力過關了，生命自然會進入下一個階段，讓你有嶄新的開始。

人生不如意事或許十之八九，但只要有一跟二的如意就行了，為什麼要一直在乎那八跟九的不如意？我這麼說，不是要你用阿Q精神來面對所有事，而是你要去關注一跟二，從你能掌握的一跟二開始努力，慢慢調整自己的心態和做法，等你有了能力，再把八跟九也變成一跟二。這也是賽斯強調的「當下是威力之點」，把當下過好，然後徐徐圖之，最終改善你所有的生活。

沒用的東西，
連衣服都不會洗！
我好喜歡
我的沒用……

愛的推廣辦法

看完這本書，是否激盪出您內心世界的漣漪？

如果您喜歡我們的出版品，願意贊助給更多朋友們閱讀，下列方式建議給您：

1. 訂購出版品：如果您願意訂購一千本（印刷的最低印量）以上，我們將很樂意以商品「愛的推廣價」（原售價之65折）回饋給您。

2. 贊助行銷推廣費用：如果您認同賽斯文化的理念，願意贊助行銷推廣費用支持我們經營事業，金額達萬元以上者，我們將在下一本新書另闢專頁，標上您的大名以示感謝（每達一萬元以一名稱為限）。

請連絡賽斯文化或財團法人新時代賽斯教育基金會各地分處，我們將盡快為您處理。

●愛的連絡處

如果您認同本書的觀念及內容，想要接受我們的協助；如果您十分認同本書的理念，想依循本書的觀念成為一位助人者的角色；如果您樂見本書理念的推廣，而願意提供精神及實質的協助；請與財團法人新時代賽斯教育基金會各地分處連繫：

●台中總會　電話：04-22364612　傳真：04-22366503
E-mail: edu10731@seth.org.tw
台中市北區崇德路一段六三一號A棟十樓之一

●台北辦事處　電話：02-25420855
E-mail: taipei@seth.org.tw
台北市中山區長安東路二段四九號六樓

●新北辦事處　電話：02-26791780
E-mail: xinpei@seth.org.tw
新北市新莊區思源路一七三號十二樓

●新竹辦事處　電話：03-6590339
E-mail: hsinchu@seth.org.tw
新竹縣竹北市嘉豐六路一段九六號二樓

●嘉義辦事處　電話：05-2754886
E-mail: Chiayi@seth.org.tw
嘉義市吳鳳北路三八一號四樓

●台南辦事處　電話：06-2134563
E-mail: tainan@seth.org.tw
台南市中西區開山路二四五號十樓

●高雄辦事處　電話：07-5509312　傳真：07-5509313
E-mail: kaohsiung@seth.org.tw
高雄市前金區中山二路五〇七號四樓

●屏東辦事處　電話：08-7212028　傳真：08-7214703
E-mail: pintong@seth.org.tw
屏東市廣東路一二〇巷二號

●賽斯村　電話：03-8764797　傳真：03-8764317
E-mail: sethvillage@seth.org.tw
花蓮縣鳳林鎮鳳凰路三〇〇號

●賽斯TV　電話：02-28559060
E-mail: sethtv@seth.org.tw
新北市新店區北新路一段二九三號七樓之三

●香港聯絡處　電話：009-852-2398-9810
E-mail: info@seth.hk

●深圳市麥田心靈文化產業有限公司　許添盛微信訂閱號：SETH-CN　微信：chinaseth　電話：86-15712153855

●新加坡賽斯基金會　電話：8699-5765　E-mail: sethsingapore@hotmail.com

●馬來西亞賽斯教育基金會　電話：016-5766552　E-mail: admin@seth.org.my

●澳洲賽斯身心靈協會　電話：006-432192377　E-mail: ausethassociation@gmail.com

●台灣身心靈全人健康醫學學會　電話：02-22193379　傳真：02-22197106
E-mail: tshm2075@gmail.com
新北市新店區中央七街二六號四樓

Seth
賽斯文化

遇見賽斯 每天的生活，都是靈魂的精心創造 *You create your own reality.*

賽斯文化網 www.sethtaiwan.com 改版上線新氣象 提供好康與便利

優質身心靈網路書店

- 睽違許久的賽斯文化網，為了提供更方便與完善的服務，終於以嶄新面貌重現江湖囉！電子報亦同時重新改版發行。而賽斯文化電子報，除了繼續每月為網站會員帶來剛出爐的新書新品訊息，讓大家能以最迅速的方式獲得賽斯心法以及身心靈修行的第一手資訊外，更將增闢讀者投稿專欄，讓大家能共同分享彼此的學習心得與動人的生命故事。
- 只要上網註冊會員，登錄成功後，立即獲贈100點購物點數，購買商品亦可獲贈點數，點數可折抵消費金額使用。另有各種不定期的優惠方案、套裝系列及精美紀念品贈送等活動，如此優惠的價格與好康，只有在賽斯文化網才有，大家千萬不要錯過了！

五大優點最佳選擇

● 優惠好康盡掌握

網站定期推出最新的獨賣優惠方案及套裝系列，可獲最多、最新好康。

● 系列種類最齊全

最齊全的賽斯心法與許醫師作品系列各類出版品，完整不遺漏。

● 點數累積更划算

加入會員贈點，每項出版品亦可依價格獲贈累積點數，可折抵購物金額，享有最多優惠。

● 最新訊息零距離

每月電子報定期出刊，掌握最即時的新品、優惠訊息與書摘、讀書會摘要等好文分享。

● 上網購物最便捷

線上刷卡、網路ATM等多元付款方式與宅配到府服務，輕鬆又便利。

優質的身心靈網路書店，結合五大優點，是您的最佳選擇。
賽斯文化網址：http://www.sethtaiwan.com/
想接收更多即時的最新消息與分享，歡迎上賽斯文化FB粉絲專頁按讚。

賽斯文化 特約點

台北　佛化人生　臺北市大安區羅斯福路3段325號6樓之4　02-23632489
　　　墊腳石重南店　臺北市重慶南路1段3號　02-23708836
　　　水準書局　臺北市浦城街1號　02-23645726
中壢　墊腳石旗艦店　中壢市中正路89號　03-4228851
新竹　墊腳石新竹店　新竹市中正路38號　03-523-6984
台中　諾貝爾旗艦店　臺中市公益路186-2號　04-2320-4007
斗六　田納西書店　雲林縣斗六市民生南路6號1F　05-532-7966
嘉義　墊腳石嘉義店　嘉義市中山路583號　05-2273928
台南　政大書局台南店　台南市中西區西門路2段120號B1　06-2239808
高雄　青年書局　高雄市青年一路141號　07-332-4910
　　　鳳山大書城　高雄市鳳山區中山路138號B1　07-743-2143
　　　明儀圖書　高雄市三民區明福街2號　07-3435387
花蓮　政大書局花蓮店　花蓮市中山路547之2號3樓　038-316019

依爾達 特約點

台北　玩賽斯工作室　台北市大安區雲和街63號　02-23655616
新竹　新竹曼君的店　新竹市東南街96巷46號　035-255003
台中　賽斯興大讀書會　台中市永南街81號　0932-966251
高雄　天然園　高雄市林園區林園北路264號　07-6450406
　　　間隙輕展覽空間　高雄市左營區富國路450巷24號　07-5508808
美國　北加州賽斯人　sethbayareagroup@gmail.com
馬來西亞　賽斯學苑　sethlgm@gmail.com　009-60122507384
　　　檳城賽斯推廣中心　sethPenang@gmail.com
　　　檳城賽斯心靈推廣中心　sethspaceplt@gmail.com　009-601110872193

賽斯文化有聲書
www.sethpublishing.com
線上平台

許添盛醫師講解賽斯書，唯一最齊全、最詳盡的線上平台
隨選即聽，提供更自由便利的聆聽管道
每月329元，無限暢聽賽斯文化上百輯有聲書
下載離線播放，網路無國界，學習不間斷

為服務愛好收聽賽斯文化有聲書的群眾，賽斯文化特別規劃了「有聲書線上平台」，訂閱後可直接於網站上收聽，或以手機下載「Dr Hsu Online」APP，即可隨時隨地收聽包括許添盛、王怡仁及陳嘉珍等身心靈老師的精彩課程內容，提供您24小時不間斷的賽斯心法學習體驗。

➡ 優惠方案以賽斯文化粉絲專頁公告為準，敬請密切注意粉絲專頁最新動態。

請以Android系統手機掃瞄	請以iOS系統手機掃瞄	「賽斯文化有聲書線上平台」網站	賽斯文化粉絲專頁

百萬CD
千萬愛心

請加入賽斯文化　百萬CD推廣行列

自2006年10月啟動「百萬CD，千萬愛心」專案至今，CD發行數量已近百萬片。這一系列百萬CD，由許添盛醫師主講，旨在推廣「賽斯身心靈整體健康觀」，所造成的影響極其深遠。來自香港、馬來西亞、美國、加拿大、台灣等地的贊助者，協助印製「百萬CD」，熱情參與的程度，如同蝴蝶效應一般，將賽斯心法送到全世界各個不同角落——隨著百萬CD傳遞出去的愛心與支持力量，豈止千萬？賽斯文化於2008年1月起，加入印製「百萬CD」的行列。若您願意支持賽斯文化印製CD，請加入我們的贊助推廣計畫！

百萬CD目錄

（共九輯，更多許醫師精彩演說將陸續發行）

1. 創造健康喜悅的身心靈
2. 化解生命的無力感
3. 身心失調的心靈妙方（台語版）
4. 情緒的真面目
5. 人生大戲，出入自在
6. 啟動男人的心靈成長
7. 許你一個心安
8. 老年也是黃金歲月
9. 用心醫病

贊助辦法

在廠商的支持下，百萬CD以優於市場的價格來製作，每片製作成本10元，單次發印量為1000片，若您贊助1000片，可選擇將大名印在CD圓標上；不足1000片者，可自由捐款贊助。

您的贊助金額，請劃撥以下帳戶，並註明「贊助百萬CD」。
賽斯文化將為您開立發票，並請於劃撥後來電確認。
郵局劃撥：50044421 賽斯文化事業有限公司　　聯絡方式：02-22196629分機18

回到心靈的故鄉——賽斯村工作坊

許醫師工作坊

在賽斯村，每月第三個星期六、日，由許醫師帶領的工作坊及公益講座，所有學員不斷的向內探索自己，找到內在的力量，面對及穿越生命的恐懼、困難與疾病，重新邁向喜悅、幸福、健康的生命旅程。

療癒靜心營

賽斯村精心安排的療癒靜心營，主要目的是將賽斯資料落實在生活裡，由痊癒的癌友分享他們療癒的經驗，並藉由心靈探索、團體分享等各種課程，以及不同的生活體驗，來協助每位學員或癌友成長、轉化及療癒。

賽斯村是一個靜心的好地方，尚有其他許多老師的課程可提供大家學習。歡迎大家前來出差、旅遊、學習、考察兼玩耍，一起回到心靈的故鄉。

賽斯村
•鳳凰山莊•

地址：花蓮縣鳳林鎮鳳凰路300號
電話：03-8764797
所有課程詳見賽斯村網站：www.seth.org.tw/sethvillage

Seth
遇見賽斯 改變一生

心靈魔法學校 -賽斯教育中心啟建計劃

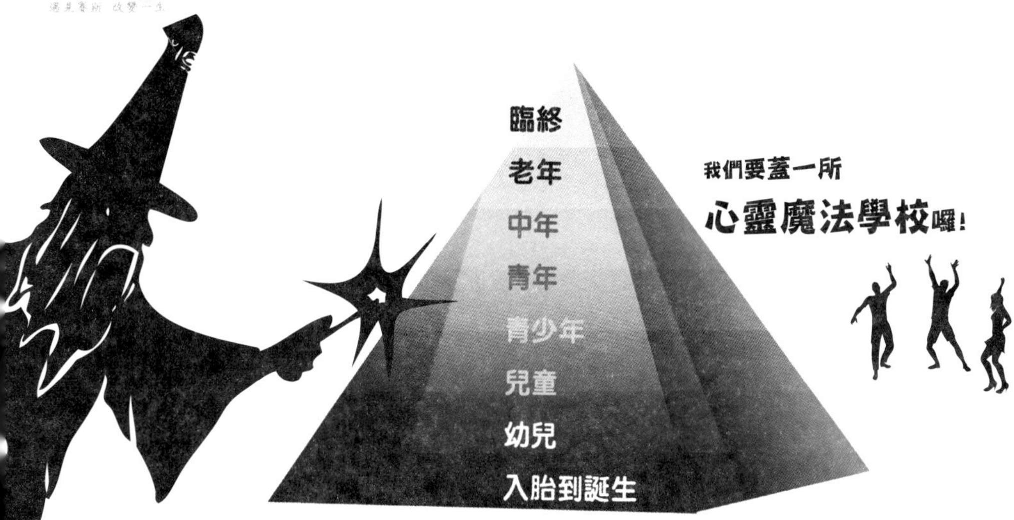

每個人都有不可思議的心靈力量，無分性別與年紀。啟動心靈力量，可以幫助人們自幼及長，發揮潛能，實現個人價值，提升生命品質，明白我們都是來地球出差、旅遊、學習、考察間玩耍的實習神明！

理想

賽斯心靈魔法學校，是基金會實踐心靈教育的具體呈現，整合十幾年來推廣賽斯心法的經驗，精心設計一套完整的人生學習計畫，從入胎、誕生至臨終，象徵人類意識提升的過程。讓賽斯引領每一個人回到心靈的故鄉。

現址

只要每個人一點點的心力，就能共同創造培育『心靈』與『物質』同時豐盛的魔法學校。
第一期建設經費預估四千萬，懇請支持贊助。
賽斯教育中心預定地，設置在台中潭子區，佔地167坪
弘文中學旁邊(中山路三段275巷)

共同創造

賽斯教育中心啟建計畫　贊助專戶
戶名：財團法人新時代賽斯教育基金會
銀行：國泰世華銀行-台中分行(013)
帳號：006-03-500490-2

社團法人台灣身心靈全人健康醫學學會 *NPO Taiwan Society Of Holistic Medicin*

秉持著推廣身心靈三者合一的新時代賽斯思想健康觀念
培訓具身心靈全人健康思維之醫療人員與全人健康管理師
提升國人身心靈整體醫療照護，創造健康富足的新人生

期望您加入TSHM會員給予實質支持

一、醫護會員：年滿二十歲以上贊同本會宗旨之醫事人員或相關學術研究人員。

二、團體會員：贊同本會宗旨之公私立醫療機構或團體。

三、贊助會員：贊同本會宗旨之個人。

四、學生會員：贊同本會宗旨之大專以上相關科系所之在學學生。

五、認同會員：認同本會宗旨之個人。

感謝您的贊助，讓TSHM推廣得更深更遠

本會捐款專戶：

銀　行：玉山銀行（北新分行）ATM代號：808

帳　號：0901-940-008053

戶　名：社團法人台灣身心靈全人健康醫學學會

服務電話：(02)2219-3379

上班時間：每週一至週五上午10:00至下午6:00

地　　址：231新北市新店區中央七街26號四樓

心情。筆記

Note

心情。筆記

Note

心情。筆記

Note

心情。筆記

Note

國家圖書館出版品預行編目（CIP）資料

搞定你的心：調整心態，人生就能輕鬆過關 /
許添盛口述；齊世芳執筆. -- 初版. -- 新北市：賽斯文化事業有限公司, 2024.11
面； 公分. -- (許醫師作品；47)

ISBN 978-626-7332-76-4 (平裝)

1.CST：自我肯定 2.CST：自我實現 3.CST：成功法

177.2 113011366

每天的生活，都是靈魂的精心創造

You create your own reality.

每天的生活，都是靈魂的精心創造

You create your own reality.